自殺学入門

幸せな生と死とは何か

末木 新

金剛出版

はじめに

・・・

　日本における自殺者数は1998年に急増し（前年比約85％増加），10年以上にわたって年間3万人を超える水準で推移していました。このような深刻な事態に対し，2006年には自殺対策に関する基本理念や国・地方公共団体等の自殺対策への責務を定めた自殺対策基本法が成立しました。翌2007年には自殺対策に向けた具体的な方針を定めた自殺総合対策大綱が閣議決定され，国をあげて自殺対策の充実が図られました。

　そして，このような対策の効果かどうかは定かではないのですが，2009年頃から自殺者数は漸減し，本書を執筆している2019年に判明している最新のデータでは（2018年の自殺者数は），約2万人という水準になっています。日本全体の人口が減少している影響もあるとは思いますが，自殺率そのものも低下してきており，自殺率が最も高かった2003年に27人／10万人という割合だったものが，16〜17人／10万人程度にまで減少しています。つまり，ここ最近で最も自殺が多かった時と比較して，約40％ほど自殺率は減少しているということです。

　現在の日本における自殺者数は年間約2万人ですが，それでは，皆さんにとって自殺はどの程度身近な現象でしょうか。年間自殺率が16〜17人／10万人というのは，10万人の人を集めると，そのうちの16〜17名程度が一年の間に自殺という形で亡くなるということです。人間はいつか何らかの形で死を迎えるわけですが，これは，だいたい2％弱の人が自殺という形式で死を迎えるということを意味しています。つまり，大きなクラス全体を見渡すと，色々な死に方でみな最終的には死んでいくわけですが，その中で一人くらいは最終的に自殺という形で生を終えるとも言い換えることができます。

　この数字をどの程度身近なものだと感じるかは人によって異なると思います。非常に高い割合で自分や身近な人がそうなるかもしれないと思う人もいるでしょうし，こんな低い確率のことが自分の周囲で起こるはずはないと思う人もいるかもしれません。本書を手に取り，ここまで読んでいただいたあなたは，おそらく自殺という現象について，心の中でなにかひっかかる点を人並み以上にもっ

ているのだと思いますし，もしかすると大切な人を自殺で亡くされたという人もいるかと思います。

自殺研究をするきっかけ
本書に含まれるバイアス

　私自身が最初に自殺という現象にひっかかりを持ったのは，思春期真っ只中の頃でした。祖父が自殺で亡くなったからです。自殺は本当に，突然，知らぬ間にやってきます。祖父が自殺で亡くなって以降，自殺という現象は私の心をとらえました。なぜこのようなことが起こってしまったのか，どうすればこんなことにならなかったのか，そもそもあの自殺は防ぐべきものだったのか，そして，その血をひく自分も（父も）いつかは自殺をするのではないか……。

　こうした疑問を解消するために，私は自殺に関する本を読みふけるようになりました。今から考えてみればですが，思春期の息子の部屋の本棚にどんどんと自殺に関する本が増えている様子を見て，両親は相当心配しただろうと思います。

　それなりの数の本を読んだと思いますが，残念ながらこうした疑問はすぐには解消されず，大学では心理学を学ぶことにしました。自殺というのは心の問題であるから，心理学を学べば自殺のことがもっとよく理解できるのではないかと思ったからです。

　この期待は見事に裏切られ，大学入学後，自殺のことを研究している心理学者はほとんどいないということを知りましたが（当時，国内で自殺の研究を行う者は少なく，それはほとんどお医者さんでした），そのまま心理学の領域で自殺を研究する道を選びました（と書くと格好いいですが，進路変更もできないので，成り行きでそうなりました）。未だに解消されない疑問もたくさんあるのですが，気づけば大学教員になり（所属大学では「自殺学」という半期15回，自殺のことしか話さない講義も行っています），こうして本を書かせていただけることになりました。

▌本書の特徴

　本書は，このように何らかのきっかけで自殺という現象に興味を抱いた（抱かざるを得なかった）方を読者として想定し，自殺について今現在分かっていることを平易に解説するために書かれています。

　自殺という現象はおそらく非常に古くから存在するものであり，古代ギリシャ・ローマの哲学者から今を生きる精神科医や心理学者まで，多くの人が多数の考えを述べています。日本語で読むことが可能な自殺を扱った新書・入門書の類も多数ありますし，多くの本の内容は良質なものです。私自身も，これまで多くのことをこうした書籍から学んできましたが，いくつか不満がありますので，その不満をこの本の構成にぶつけています。

　不満の一つ目は，誤解を恐れずに言えば，こうした書籍（の著者）が，ヒューマニティに重点を置きすぎることです。すでに書いたように，自殺の研究をする者には医師が多いので，これは当然のことかもしれません。医師が自分の名前が記載された本の中で，自殺を肯定するかのような考えを書くことは（あるいは，それ以前に自殺予防の自明性を疑うようなことを書くことは），非常に難しいと思います。そのため，多くの書籍は，自殺は予防すべきものであるという前提の上で書かれています。

　しかしながら，私自身が所属をしている大学で自殺に関する講義をしている時に，受講した大学生から最も多く寄せられる疑問は，「そもそも自殺って防ぐべきものなんですか？　自殺ってそんなに悪いことなんですか？」というものです。自殺が予防すべき現象であるという考えは多くの人にとって当たり前のものではありません。こうした，自殺や自殺予防の是非に関する議論に，正面から取り組んでみたいと思います。これは，おそらく自殺に関して昨今（主に精神医学者が）書いた書籍にはなかったトピックですし，避けられてきたテーマです。

　また，既存の良書の著者がヒューマニティ溢れる人だという点の延長線上にあることだとは思いますが，あまりに人間性溢れる記述をするために，人がヒト（動物）であるという視点を忘れているようにも思います。人間は人である以前にヒトであり，動物である（動物の法則からは逃れられない）という視点も取り入れていきたいと思っています。多くの自殺に関する書籍は，著者の温

かさに溢れていますが，本書は，「冷たい自殺学」（冷静で客観的な自殺の分析）を目指しています。

　不満の二つ目は，（これは自殺という現象だけの問題ではないかもしれませんが）多くの書籍は，さも多くのことが分かっているかのように書かれているということです。もちろん，本を手にとって読む人は，自殺について知りたいから読むのであって，その期待に応えるためには，科学的に分かっていることをしっかりと書いていく必要があります。ですから，多くの本はそのように書かれています。また，「分からない」と書いてしまうと，「さして分かっていないにもかかわらず偉そうに本など書きやがって」と批判されそうだ，という恐怖も専門家である著者にはあるかもしれません。専門家が「分からない」と答えることは，確かに少し恥ずかしいことです。

　しかし，実際には，自殺という現象は非常に複雑なものであって，私の目から見ると，「そんなに多くのことは分かっていないのではないか？」と思うようなことが書かれていることは珍しくありません。また，そもそも，何かが分かるためには，何が分かっていないのかが分からなければなりません。そして，どのようなことを「分かった」と表現しているのかを知らなければなりません。分からないという認識を持つことは，分かっているとされている知識を得ることと同じか，それ以上に重要なことです（ソクラテスの言う「無知の知」というやつです）。ですので，本書では，分かっていることと同じくらい，分かっていないことやできないことにも目を向けていきたいと思っています。

　それが結果的には，自殺という現象に対する深い理解につながると（そして，人類が自殺に対して適切に対処していくことにつながると）私は確信しています。

▋用語説明

　説明を始めるにあたって，混乱がないよう頻出の自殺関連用語の説明をしておきたいと思います。

　自殺念慮とは，自殺したいという思いを意味しています。死にたいという思い（希死念慮）よりも死の方法が具体的になっている点に特徴があります。

　自殺関連行動とは，自殺のことを考える，計画をたてる，自殺を試みるといった行動のことを指しています。自殺念慮を自殺関連行動の一部ととらえるかど

うかは意見が分かれるところであり，明確な規定はありません。

　自殺企図は使用のされ方が人により異なる場合があるため，注意が必要です。自殺企図は，自殺を試みたものの亡くならなかった場合（一般的にいうところの自殺未遂）のことを指している場合と，自殺を目的とした何らかの行為を行うことを指している場合があります。後者の使い方の場合，結果として亡くならなかった場合を（自殺）未遂，亡くなった場合を既遂（自殺）と表現することになります。自殺という行為の完遂度合は意思の強さによるものであり，自殺の手前でその行為を止めたものが企図（未遂）であるという考え方はかなり昔からあるようです。一方で，最近の自殺に関する書籍では，後者の使い方が多いように思います。筆者の知る限り，日本において後者の使い方を最初に提案したのは，自殺研究に精力的に取り組んだ精神科医の稲村博氏です。この背景には，一度自殺を目的とした行為がなされると，結果は行為やその意図からは切り離されるという考え方があるように思われます。日本語の語感や分かりやすさを考慮し，ここでは主に後者の意味で自殺企図および未遂の語を用います。

　自殺と自死という用語についても説明を行っておきます。二つの用語では自殺の方がよく目にすると思いますが，自死は通常，自殺と同一の現象を指しています。自死という言葉が使われる場合，自殺の「殺」という字の意味やニュアンスを嫌っている場合が多いようです。殺（ころす）は目的語をとる他動詞であり，死（しぬ）は目的語をとらない自動詞ですので，自死よりも自殺という用語を用いた方が，亡くなった方が目的と意図を持って行為を行ったというニュアンスが発生するのだと思います[1]。それ故，こうしたニュアンスを嫌う人から，同じ現象を指して，自殺よりも自死という用語を使うことが推奨されてきました。一部の地方自治体ではこうした動きを勘案し，公文書内の自殺という言葉を自死に置き換えている場合があります。

　一方で，自死という言葉が事象の定義の曖昧さを誘発する，自殺の実態を覆い隠すといった理由で，あえて自殺という言葉を使うことにこだわる人もいま

▼1——ここでは，分かりやすさを重視して，他動詞／自動詞という区分で表記をしましたが，死にまつわる言語の態の問題については，以下の書籍を読むことで，より深い理解が得られると考えられます：國分功一郎（2017）中動態の世界——意志と責任の考古学．医学書院．

す。他の用語も同様ですが，誰がどのような意味を込めてその言葉を使っているのかを意識しながら，正確な意味を読み取る必要があります。本書では，基本的には一般的に使われることの多い自殺という言葉を使って話を進めていきますが，遺族や遺児に関する表現には自死を使うこととします。[2]

　なお，英語では自死により遺された人々はサバイバー（survivor）と呼ばれます。サバイバーとは，文字通り解釈すれば「生きのこった者」という意味ですが，これは自殺未遂者ではなく遺族のことを指しています。この用語は，遺族になるという体験の苛烈さを示していると考えられます。サバイバーが必ずしも自死遺族と訳されないのは，英語のそのようなニュアンスを日本語において十分に表現し切れないからです。また，遺族という言葉には血縁関係のニュアンスが入り込むのに対し，サバイバーという言葉は血縁関係に限定されないより広範な関係性を指しています。自殺によってショックを受けるのは血縁関係がある者のみに限定されることではないため，サバイバーという用語が好まれるようです。ただし，本書では，サバイバーという語が未遂者である誤解を招く可能性があることを考慮し，この言葉は用いず，自死遺族という言葉をもって，血縁関係者以外の者も含む，広く自死によって遺されたと感じる者を指すこととします。

　最後に，自殺予防と自殺対策という言葉について説明をします。この二つの用語は自殺を少なくしようという試みを行うことという点で一致をしています

▼2——自殺という用語を自死に置き換えるという問題は，用語の持つイメージやニュアンスという範囲を越えた重大な問題だと個人的には思っています。自殺にまつわる故人の意図の問題については，各章で扱っていますので，詳細はそちらを参考にして欲しいのですが，個人的には，我々が自殺と呼んでいる現象は，実際には「自死」と呼ぶ方が相応しいものの方が多いだろうと思っています。それはつまり，人間が自らを死に至らしめる行動は，それほど強い目的を持って意図的に行われていない場合が多いと考えているということです。しかしながら，そのような理由で自殺を自死に置き換えた場合，自殺という用語を用いた他の専門用語をどう理解／表記すべきかというさらに大きな問題が発生します。例えば，自殺企図は，「企てる／図る」という語を用いているため，同じ現象を「自死企図」などと表記することは矛盾を孕むことになります。それ故，自殺という語を用いないとなると，自殺企図という行為を意味するまったく新しい言葉を創造する必要があります。しかし，それは本書の目的を大幅に越えることになりますし，何より，読者が他の書籍を読んだ際に混乱することにつながります。そのため，この大きな仕事は今後の自身の課題の一つとし，本書では一般的な用語，すなわち「自殺」を中心とした表記で進めていきたいと思っています。

が，こめられるニュアンスに微妙な違いがあります。自殺予防はこれから生じ
そうな自殺を未然に防ぐという意味合いが強くなります。そのため，自殺がす
でに生じてしまった場合の事後的な対応という自殺を防ぐ試みの重要な一要素
が欠け，包括性に欠けるように響く場合があります。また，自死遺族の後悔を
強めるという点から自殺予防という言葉が批判される場合もあります。一方で，
自殺対策という言葉を使う場合，その行動は政治性を帯び，自殺の問題を政策
として扱うというニュアンスを含むことになります。そのため，やや冷たい響
きを感じ取る向きもあるかもしれません。

　本書では，おおむね，個別の人の自殺を防ぐ活動については自殺予防を，集
団を対象としてその中での自殺率を減らすための取組を自殺対策と呼びたいと
思います。ただし，これらの用語の意味は文脈や語感に依存するものであり，
必ずしも厳密に使い分けることはしていません。

目　次

第１部

....

自殺を理解する

第1章

定義・統計

動物は自殺をするか？

．．

▌「先生，動物は自殺をするのでしょうか？」

　この質問は，私が所属大学で行っている「自殺学」の授業の中での定番の質問の一つです。学生の多くは，いわゆるレミングの集団自殺などをイメージしてこの質問を「気軽に」してくるようです。

　ちなみにですが，レミングが集団自殺をするという迷信を信じている人は少なくありませんが，これはどうやら正しくはないようです。確かに，レミングが大繁殖した年に集団移動をし，その移動の途中で川をわたる時に多数の個体が転落死するといったことはあるようですが，集団自殺をしているわけではありません。[3]

　動物が自殺をするのか，という質問が来ると，私は少し困ります。当たり障りのない回答をするのであれば，答えはもちろんNOです。しかし，真面目に答えようと思うと，議論が非常に長くなってしまいますし，予定していた講義の内容が終えられなくなってしまうので，大変困ります。

　そういうわけで，時間がない時に当たり障りのない範囲で回答をするのであれば，以下のように答えることになります。

　動物は自殺をしません。なぜならば，自殺という現象は一般的に，死者に死のうという意図があるものだと定義されているからです。死のうという意図が

▼3───レミングが崖から落ちて集団自殺をするというイメージが一般に敷衍したのは，ディズニーが1958年に製作した自然ドキュメンタリー映画『白い荒野』（原題：White Wilderness）によると言われています。この映画の中にはレミングが崖を落ちていくシーンは確かに存在しますが，それは「やらせ」であることが，後日曝露されています。参考文献：ジュールズ・ハワード（著），中山宥（翻訳）（2018）動物学者が死ぬほど向き合った「死」の話：生き物たちの終末と進化の科学．フィルムアート社．

ないのであれば，それはおそらく事故です。また，劣悪な環境で飼育される動物の中には自傷のように見える行動（例：抜毛，自己裂傷，自己咬創）を行う場合があり，その傷が原因で死亡することもありますが，やはりこれも我々が思うところの自殺ではないでしょう。なにせ，そうした動物には死のうという意図があるようには思えないからです。

　死のうという意図を持つためには，死を概念として理解している必要があります。死が何か分からなければ，自らの行動によって意図的に死を呼び寄せる行動を行うことはできません。もし，死がどのようなものかを理解していなければ，仮になんらかの自殺らしい行動をとったとしても，それは死の意図を持っていたとは言えないでしょうし，自殺だったとは言えないことになります。

　そして，一般に我々が「動物」と呼んでいるものには人間ほど複雑な言語がないため，死を概念化することができません。そのために，死というものを理解したり，死のうと思ったりすることはできないだろうと予想されます。[4]だから，動物は自殺をしません。そして，こう考えてみれば，きちんと死の概念が理解できていないであろう幼い人間も，自殺をするとは言い難いということになります。理屈は動物と同じです。

▍自殺の定義

　動物が自殺をするのか否かという問いに答えるためには「自殺」という現象をきちんと定義しなければなりません。しかしながら，この自殺の定義という問題は，自殺について論じる上での基礎中の基礎でありながら，最も難しい問題の一つでもあります。実は，本書を書き始めるには多大な時間を必要としたのですが，それはこの自殺の定義の問題がきちんと扱える自信が私になかったからです。それくらい難しい問題です。

▼4────動物一般が死を理解しているとは思いませんが，ゾウは死を認識しているのではないかという指摘も存在します。例えば，ゾウは群れを作って生活をしますが，群れの仲間のゾウが死んだ時に，それを悼むかのような行動が観察されたという話もあります。ですので，動物一般が死を概念化できないのだから動物が自殺をするとは定義上言えないという主張も，実際には怪しい部分もあります。参考文献：稲垣栄洋（2019）生き物の死にざま．草思社．

　それでは，この難問について，先人はどのように考え，定義をしてきたのでしょうか。

　近代自殺研究の出発点となったフランスの社会学者デュルケームは『自殺論』の中で，自殺を，「死が，当人自身によってなされた積極的・消極的な行為から直接・間接に生じる結果であり，しかも当人がその結果の生じうることを予知していた場合を，すべて自殺と名づける」と定義しています。▼5

　少し小難しい言い回しではありますが，よく読むと，この定義にはポイントが二点あることが分かります。それは，①死につながる行為がなされるのは直接的でも間接的でもよいが，②死ぬという結果は予知していなければならなかった，ということです。

　おそらく，この定義が意味する内容は，我々が思う一般的な「自殺」に比べて，やや広いのではないかと思います。それは，死につながる行為がなされるのは直接的でも「間接的」でもよい，とされているからです。死につながる行為が間接的になされる，という文言が何を意味するかがポイントになりますが，例えば，病者が医師から決められた量の服薬を定期的にしなければ死ぬと警告されていたにもかかわらず，きちんとした服薬をせず，その結果死亡した場合などは，死につながる行為が間接的になされた，と言えそうです。しかし，おそらくですが，こうした現象そのものを我々が自殺と呼ぶことはあまりないように思われます。

　デュルケームの『自殺論』は非常に有名な本で，自殺研究においても重要な位置を占めるものです。しかしながら，近代的な研究の始まりからして，我々が持つ感覚とは少し異なる定義がなされています。それほど，定義の問題は難しいものです。

　この難しい問題に対して，2014年に世界保健機関（以下，WHO）が出した「自殺を予防する——世界の優先課題（Preventing suicide: A global imperative）」では，どのような解決をはかっているのでしょうか。ここで自殺は，「故意に自ら命を断つ行為（suicide is the act of deliberately killing oneself）」と非常に簡素に定義されています。

▼5——エミール・デュルケーム（著）宮島喬（訳）（1985）自殺論．中央公論社．

　この定義を見ると，デュルケームの定義の問題点（直接的／間接的）が修正
された上で，内容が引き継がれていることが分かります。結果の予知という表
現は出てきませんが，その代わりに死の意図（deliberately）に関して言及されて
いますので，これらはほぼ同様の内容を意味していると思われます。死が生じ
るという結果を予知していなければ，死の意図を持っていたとは言えないから
です。つまり，自殺というのは，自らによってなされた行為であり，かつ，死
の意図があるものと言うことができます。この状態を，他の死の形態（自然死（病
死を含む），事故死，他殺）と比較した上で整理したものが，図1になります。

▎自殺の定義の問題点

　こうした定義は我々が一般的に持つ自殺のイメージとは大きく異なりません
し，おそらくこの定義の説明を聞いて，異議があるという人はいないのではな
いかと思います。しかし，この定義は現実には大きな問題をはらんでいます。
　定義の問題点は，死の意図という主観的な心の状態を自殺の要件に含めてい
る点です。死者は喋りませんので，死んでしまった人を相手に，「死ぬ前に，
本当に死のうと思っていたの？」という質問をすることはできません。死者の
魂を現世に呼び出し，このような問答をすることができれば問題は解決しますが，
残念ながらそれは難しいというのが現状です。もしかすると，未来には，全て
の人間の意識状態を常に記録する記憶媒体が脳内に埋め込まれ，死後にそのデー
タを解析できるような日も来るかもしれませんが（飛行機事故が発生した後に，
ブラックボックスが解析され，事故原因が検証されるように），当面は難しそ
うです。
　それでは，どうやって死の意図があったのかを認定するのかと言えば，残さ
れた状況から，遺された人々が死者の死の直前の心の状態を推し量り，ここに
は死の意図があったのだろう（あるいは，なかっただろう）と推定するという
ことになります。もちろん，それで全てがうまくいかないとは言いませんが，
その推定が全てうまくいくと考えるのも楽天的過ぎるように思われます。
　例えば，長年連れ添った妻が事故で先立ってしまい，自暴自棄になった中年
男性がいたとしましょう。その人が居酒屋で多量の飲酒をした後に帰宅するた
めに車を運転し，大幅なスピード超過運転を続けていたとします。そして，運

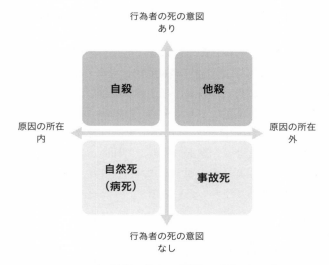

図1　死に方（自殺，他殺，自然死，事故死）の整理

転中カーブを曲がり切れずに崖から転落し，結果として亡くなったという出来事があったとしましょう。これは，果たして，事故でしょうか。あるいは，自殺でしょうか。それを分けるのは，当然，定義上は死の意図の有無ということになりますが，死者が何も語らない以上，死の意図があったのか否かは明確には分かりません。

　他の死に方と一線を引くために死の意図を定義に入れる必要があることは間違いのないことですが，残念ながら，実際に死が生じると，その死を適切に分類することができないという運用上の問題が発生します。この定義は，そのような問題をはらんでいます。

　運用上の問題と書きましたが，自殺の定義に死者の目的や意図を入れることについては，それ以上の根本的な問題も指摘されています。哲学者の加藤茂は著書『自殺の現象学』の中で，自殺というものについて以下のように説明しています[6]。ちょっと長くなりますが，そのまま引用します。

　　すでに論じたように，私が自殺について「死への意志」とか，「死を選ぶ」

といった疑問の余地ある，あいまいな表現を意識的に避けて，「世界外自己投出」なる妙な用語をそれにかえたのは，人間は，おのれに本来的に不可知な，想像もできない《死自体》を「目的」としてめざすことなどできないし，[7] またもともと文字通りの意味では死にたがらないものであって，この世界とその内の自己を放棄するという当面の目的，すなわち現状で可能な最も相応しい「活路」より以上に，なにか「生」の絶対的な否定としての「死」を選択するわけではないからです。自殺者は，「生」を捨てて「死」を選ぶのではありません。選択の対象，「目的」が，「生」から「死」へ移行するわけではありません。要するに，自殺者は，自己を殺したいわけではなく，どうにかして生かしたいのです。

　加藤は，ハイデガーの「被投性」（Geworfenheit）の概念を援用し，普通の死を世界外被投出，自殺を世界外自己投出と呼びました。被投性とは，我々の生が理由もなくはじまり（世界に投げ込まれ），ある日突然終わりを迎える（世界の外へ投げ戻される）ということです。

　いきなり妙な哲学用語が出てきて面喰った方も多いかもしれませんが，ここでは，とりあえず，我々が一般に思っている自殺という現象の定義の問題点についてこのような指摘があるという記述にとどめておきたいと思います。仮に，この指摘を真面目に受け取り，自殺を世界外自己投出としてしまうと，この後の話が続きませんので。

▌自殺の定義の問題点を統計的に検証する

　そこで，定義に関する運用上の話に戻りましょう。そうは言っても，そんな些細な定義のことを気にしすぎなんじゃないか，実際の運用はきちんとされているんだろうという声が聞こえてきそうです。そこで，本当にこうした定義が死の分類の運用上，問題がないのかということを統計的データをもとに確認し

▼6──加藤茂（1980）自殺の現象学──生の亀裂．高文堂出版社．
▼7──私は，動物は人間ほど高度な言語を持たないから，死を概念化し理解することはできないと書きましたが，人間も大差はない，ということがここでは述べられています。

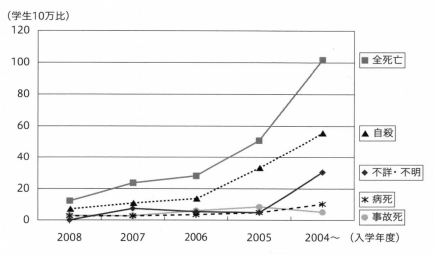

（学生10万比）

図2　4年制大学における大学生の死因別死亡率

ていきたいと思います。

　図2は死因別の大学生の死亡率を示したものです。[8]少し前のデータになってしまいますが, これは, 全国立大学に対し調査への参加の可否を書面にて尋ねて同意の得られた各大学担当部署へ調査用のファイルを送付し, 回収した回答を集計したものです。横軸は入学年度, 縦軸が死亡率を表しています。2008年入学は当時の1年生, 2005年入学は4年生, 2004年～は留年を経験している学生のデータということになります。

　この図を見ると, まず, 大学生の死亡原因の1位が自殺であることが分かります。[9]大学生か否かを問わず, 日本における若年世代の死因の1位は自殺です。そして, 4年生になると自殺率が大きくあがり, 留年生の自殺の危険性はさらに高いということが見てとれます。

　問題なのは, 不詳・不明です。ここでは, 死亡原因を, 自殺, 事故死, 病死, 不詳・

▼8——内田千代子（2011）大学における休・退学, 留年学生に関する調査：第 31 報. 平成 22 年度学生の心の悩みに関する教職員研修会・第 32 回全国大学メンタルヘルス研究会報告書. http://www.health.ibaraki.ac.jp/ibaraki_HP/31houkokusho.pdf.

不明と分類しています。病死や事故死のリスクは学年を問わず変わっていません。これは当然のことと納得できます。原因が明らかにならない死亡が一定数発生することは理解できますが，1〜4年生までの不詳・不明の割合がほぼ一定なのに対し，留年生のみ不詳・不明の割合が高まるというのは解せません。留年生と1〜4年生が事故にあったり病気になる可能性は変わらないでしょうから，おそらくこの不詳・不明とされている留年生の死の多くは自殺だろうと推定されます。

　つまり，この統計データは，大学を留年をすることが自殺につながるリスクを過少に表現しているということです。そして，これは同時に，死者の死亡原因を判定するものの主観によって自殺であるか否かが操作されうることを示しています。そのようなことが可能なのは，もちろん，死の意図があったか否かを死後に判定することが困難だからです。

　大学生という日本の人口のごく一部の問題であれば，まだ良いかもしれません。しかし，この死因が正確に報告され得ないという現象はもっと広範に見られる現象です。

　図3は，診断名不明確および原因不明の死亡とされる死の数の推移を示したものです。同時に，自殺者数の数もプロットされています。この図を見ると，2009年頃から国全体の自殺者数は約1万人減少していることが分かります。一方で，その頃から，診断名不明確および原因不明の死亡も同程度に増えていることが分かります。不慮の事故や不慮か故意か決定されない事件の数がほぼ横ばいで推移していることを考慮すれば，やはりこれは限りなく自殺に近い死亡形態ではないかと推察されます。ちなみに，2011年に不慮の事故が2万件ほど増えていますが，これは東日本大震災の影響です。

　大学生の死亡についてと同様，自殺の数は，原因不明の数を操作することで簡単に変わってしまいます。もちろん，これらが全て意図的に操作されたものだということではありません。しかしながら，自殺を原因不明の死に置き換える誘因が多数あることを覚えておくべきことです。自殺を原因不明とすることによって，保険会社から訴えられるリスクはなくなり，一族から自殺者を出し

▼9──────大学生の自殺の実態を考えるためには，「大学における休・退学，留年学生に関する調査」というものが役に立ちます。

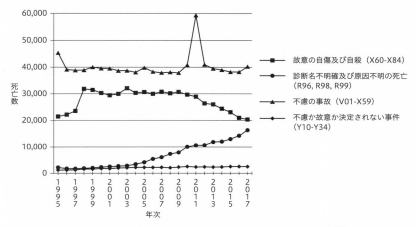

図 3　診断名不明確および原因不明の死亡数の年次推移[10]

たことにしたくない遺族から恨まれるリスクもなくなります。自殺のはずの死を原因がよく分からないことにすることの誘因は，おそらくそれ以外にもあるかと思われます。

　「はじめに」でも書いたように，日本の自殺者数は3万人の大台を越えていた2000年代から約1万人ほど減りました。自殺率も減少しています。これをもって，自殺は減っていると簡単に結論する人もいるかと思いますが，統計は注意深く読む必要があります。上述のように，自殺とされる死は減っていますが，一方で，原因不明とされる死が増えていることは忘れてはいけません。もちろん，原因不明とされる死の増加は2000年代中盤から前半を起点として生じており，その時期に自殺者数はほぼ横ばいですから，自殺者数が減った分がそのまま原因不明とされるようになり，見た目上自殺者数が減ったということを主張しているわけではありません。ただし，自殺が減っていると安易に結論づけることは難しいということは言っておきたいと思います。

▼10── 山内貴史他（2019）「自殺死亡率は本当に減少しているのか」という問いに，公的統計は答えることができるのか．自殺予防と危機介入，39（1），41-44.

▎統計を注意深く読む

　統計を注意深く読むためには，第一に，その統計データが誰によって，どのような目的で，どう作られているのかを知らなければなりません。数字を読むためには，その数字を作った人の意図と作られる過程を知り，どのような偏りが入っている可能性があるのかを常に考える必要があります。

　ちなみに，日本には自殺に関する統計が実は二種類存在します（図4）。このこと自体を知らない人も多いと思いますので，丁寧に説明しておきます。

　二つの統計というのは，厚生労働省の人口動態統計と警察庁の自殺統計のことです。この二つのデータは，作られた目的，作られた過程が異なるため，注意が必要です。

　厚生労働省の人口動態は日本における人口の変化の把握が目的であり（納税者の数とその居住地の把握が目的であり），1899年からデータが存在します（ただし，第二次世界大戦末期を除きます）。そのため，長期時系列的な比較を行う際に有用です。人が死亡すると死亡届および死亡診断書（死体検案書）をもとに地方自治体の役所で人口動態調査死亡票が作成されます。それが厚生労働省に集約され，人口動態統計となります。人口動態調査死亡票の死因欄が自殺とされたものが，人口動態統計における自殺となります。ちなみに，上述の図3は死亡診断書における死因の記載（WHOが示した原死因選択ルールにしたがって記入された原死因のコード）を元に作成されています。

　一方で，警察庁の自殺統計は，警察の捜査等の過程で自殺と判断された場合に自殺統計原票が作成され，集約されたものであり，1978年から公表されています。この自殺統計は，人口動態に速報性で勝ること，遺書や動機に関するデータを集約している点に大きな特徴があります。

　この二つの統計の結果として出てくる数字に大きな違いはありませんが，いくつかの差異があります。第一に，人口動態統計が，日本における日本人を対象としているのに対し，警察庁の自殺統計は，総人口を対象としています。つまり，日本における外国人を含む数字が公表されているということです。そのため，自殺者数はおおむね警察庁の統計の方が多くなります。第二に，人口動態統計は住所地を基に死亡時点で計上しているのに対し，自殺統計は発見地をもとに自殺死体発見時点で計上しています。そのため，自殺統計では，いわゆ

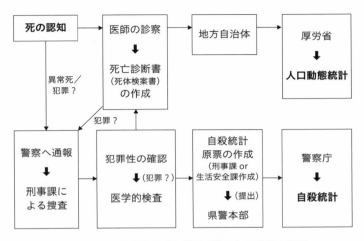

図 4　二つの自殺に関する統計が作られる流れの概要

る自殺の名所（例：富士の樹海をかかえる山梨県）をかかえる自治体の自殺が
増えることとなります。都道府県別の自殺率の比較データはマス・メディアで
も取り上げられることがありますが，どちらの統計を使っているのかによって
異なる印象を受ける場合があるので，注意が必要です。

　こうした特徴は，何のためにその統計が存在するかを考えれば理解できるも
のです。二つの統計はいずれも，本来，自殺について把握するためのものでは
ありません。厚生労働省は，この国に生きる国民の数を把握するために（そし
て，それはもちろん徴税のためですが），国民の生死に関する管理をしています。
この副産物として出てくるのが，自殺（死亡の一種）のデータです。だからこ
そ，生じた死は住所地でカウントされます。一方で警察の目的は，殺人を防ぎ，
起きた場合はその犯人を逮捕することです。その過程で，異常死の捜査をしま
すが，その副産物として，自殺に関するデータが生成されるわけです。だから
こそ，その死は死体が発見された場所でカウントされるというわけです。

▍自殺するかのように見える動物は存在する

　さて，自殺の定義とその問題点（統計データの問題点）の説明を終えたので，

冒頭の問いにもう一度戻り，本章を締めくくりたいと思います。

　自殺というのは，自らによってなされた行為であり，かつ，死の意図がある
ものを意味しています。ですから，おそらくは高度な言語がなく死を概念化す
ることができないであろう動物には死の意図が持てませんし，そのため，人間
と同じような自殺をしないだろうということ自体に嘘はありません。

　しかし，学生から「先生，動物は自殺をするのでしょうか？」と質問され，
質問に答える時間が十分になくて，ただ単に，「しません」と答える時に，私
は少しだけ罪悪感を覚えます。

　というのは，自殺しているかのように見える行動をとる動物がいることを知っ
ているからです。そして，「動物」がそのような行動をとることと，人間が自
殺をすることの間にどのような違いがあるのかということを考えると，もしか
して違いはないのではないかと思えるからです。[11]

　動物の自殺らしい行動は，主に繁殖の際に見ることができます。例えば，あ
る種のクモのオスは，精子のつまった交尾器をメスに挿入し，挿入状態のまま，
メスの顎前に我が身を差し出します。もちろん，オスはメスに摂食されて絶命
します。このように，交尾の際にオスがメスに食べられるという行動は，クモ
のみならず，タコやカマキリなどでも観察されています。[12][13]

▌包括的適応度

　このような行動はなぜ発生するのでしょうか。それは，メスがオスを食べる
ことに夢中になるため，他のオスとの交尾が発生しない（それ故に，オスは自
らの遺伝子を確実に残すことができる）からです。メスにとってみれば，オス

---

[11]―― 心理学では長らく，こころという目に見えないものを測定するために，こころではなく，
　　　　行動を測定してきました。行動は誰にでも見えて客観的に研究できるものだからです。そ
　　　　して，行動の背景に，おそらくこのようなこころの動きがあるのだろうという想定を持っ
　　　　て研究を行うことで，「心理学」を成り立たせてきたのです。ですから，同じように見え
　　　　る行動が存在することをもって，同じようなこころの動きがあることを想定することは，
　　　　それほど不自然には感じられないのです。

[12]―― 稲垣栄洋（2019）生き物の死にざま．草思社．

[13]―― ジュールズ・ハワード（著），中山宥（翻訳）（2018）動物学者が死ぬほど向き合った「死」
　　　　の話：生き物たちの終末と進化の科学．フィルムアート社．

を食することによって栄養を摂取することができ，その栄養を産卵につなげていくことができます。どうせ産卵後の子育てをオスが手伝わないのであれば（クモ，タコ，カマキリでは，子育てはメスもしないかもしれませんが），食べて養分にした方が良いということです。オスにとってもメスにとっても，オスがメスに食べられることはWin-Winなのです。

　このように，動物の生殖の際に発生する自殺のような行動は，その動物の包括的適応度を高める際に発生します。つまり，自らの有する遺伝子が残っていく可能性が高まる際に発生する（というよりも，そういう形質／遺伝子を持つ個体こそが生き残って，遺伝子をつないできた）ということです。

　また，生殖という状況以外でも，自殺のような行動が見られる動物もいます。

　皆さんもご存知だと思いますが，我々にも身近な存在であるスズメバチやミツバチのうち，生殖能力のない個体（例：働きバチ）は，生殖力のある女王を守るために，外敵の襲撃を受けた際に体内の特殊な腺を破裂させ，その分泌物で外敵が動けなくなるようにします。つまり，自爆によって，女王を守るということです。これは，自身が子孫を残さずとも，遺伝子を共有する女王を守ることで，同じ遺伝子が残るために発生すると考えられています。つまり，このケースも，自殺らしき行動は，その動物の包括的適応度を高めるために発生するといえます。

　より原始的な生き物になると，トリコデスミウムという藍藻の一種は大量発生をした際に，カスパーゼというタンパク質分解酵素を自ら発生し，死んでいく場合があることが確認されています。もちろん，全てが死んでしまうわけではなく，大量発生したものの一部は堅い嚢胞になって身をひそめます。このような現象が発生するのは，寄生ウイルスの餌食になって集団が全滅することを防ぎ，大量発生のせいで減ってしまった海の中の養分が回復することを待って，次の繁殖の機会を狙うことができるからです。つまり，親族の一部が嚢胞に守られて生き抜き，その後再度の繁栄を目指すことと引き換えに，決定的なダメージを負わないように多くの同族が死んでいくということです。

▍ まとめ
ヒトの自殺と違いはあるか？

　こうした行動は，人間の行う自殺と何が違うのでしょうか。死の意図の有無

というのは大事な点ではあるものの，自殺の定義に含めることによって，統計的な問題を引き起こすやっかいな要因でした。しかも，動物に死の意図があるか否かは，実際には我々には分かりません。科学的にそれが「ない」ことを証明することは原理的にできないからです。その上，共有する遺伝子の将来の繁栄のために自ずから死に接近していくという現象自体は人間においても見られるものです。

　例えば，山間部の高齢者の自殺が多い地域での実態を調べると，孤立している者の自殺のみならず，多世代での同居の場合が多数あることが指摘されています。多世代で同居をしている状態で，自らの身体機能が低下し，他者（主に子・孫）から世話（介護）をされる状態になることは，遺伝子を共有し受け継いでくれている者（子・孫）の繁殖可能性を低減させる可能性があります。親の介護をしなくてよければ，親世代は子世代の教育により一層の力を入れ，結果として孫が繁殖に至る可能性は高まるかもしれません。人間はやはり，人間である以前に動物（ヒト）なのです。[14]

　それ故に自殺という形を選ぶ人がいた場合，それは，上述の動物の死と何が違うのでしょうか。そして，もし仮に，我々の自殺にそのような側面があるとすれば，それは「予防」すべきものでしょうか。皆さんはどう考えるでしょうか。

▼14——これは筆者の推測ですが，医療制度が十分に発展した現代とは違い，人類の長い歴史の中では自殺のような行動が進化的に適応的であった可能性があったはずです。例えば，自らが瀕死の重傷を負い，その時代の医療水準的にその治療が絶望的であるにもかかわらず，子どもや親族がそれを何とかしようと試みる場合などがこれに該当します。この仮説は，第2章で説明する自殺の対人関係理論による自殺生起のメカニズムと整合的です。自殺の対人関係理論は，自殺潜在能力，所属感の減弱，負担感の知覚という三要素が揃った時に自殺が生じるとするものです。負担感の知覚が自殺の危険性と関連していることは多様な先行研究から支持されていますが，例えば，自殺で命を絶った末期ガン患者への心理学的剖検調査においては，この感覚を多くのものが抱いていたことが明らかになっています。負担感を知覚した際に自殺の危険が高まるという理論は，進化心理学から見た自殺行動の説明と合致するのです。以上のように進化心理学の視点から自殺を見ると，一部の自殺は進化的合理性を持ち合わせている可能性があると考えることもできます。ただし，このような推論は十分に科学的な根拠を有しているわけではないため，慎重な態度を保持する必要はあります。

第2章

理論

人はなぜ自殺をするのか？

....

▎人はなぜ自殺をするのか？

　個人的な印象ではありますが，自殺に興味を持った／持たざるを得なかった人が有している典型的な疑問というのはいくつかに限られるようです。（私にとって大切だった）あの人はなぜ自殺してしまったのだろうか，あの自殺は防げなかったのだろうか，今自分の目の前にいる大切な人が「死にたい」「自殺したい」と言っているが，どうしたらよいのか。こんなところだと思います。

　そして，これらの疑問を解く上での鍵はやはり，人がなぜ自殺に至ることがあるのか，を理解することになります。本章で扱うのは，この問いに対して，先人がどのような答えを出してきたのかということになります。

▎自殺の動機には分からないものが多い

　人はなぜ自殺をするのかという疑問を明らかにしようと思った際に真っ先に思いつくのは，遺書を読むということです。しかし，少し調べてみれば分かることですが，日本では，自殺で亡くなった方の2〜3割程度の方しか遺書を残していません。ほとんどの人は遺書を書き残して亡くなるわけではないということです。[15]

　それでも2〜3割は書くのですから，そこから何かが読み取れるのではないかと思うかもしれません。実際，そのような研究はなされていますが，遺書の

---

[15]——自殺者が書いていることが本当にその人の心理的状態を表しているのかについては大いに議論の余地があります。遺書の研究について詳細が知りたい人は，以下の文献を参照して下さい。駒田陽子他（2003）自殺と遺書．精神保健研究，16，75-80．

中身は必ずしも我々が知りたいようなことが書かれているわけではないことが明らかになっています。遺書の中身は，復讐，故人との一体化，生まれ変わり，精神的・身体的苦痛の回避といった様々な願望がつづられていることもありますが，[16]それだけでなぜ自殺が起こるのかを納得できるわけではありません。また，こうした願望が書かれているなど，それなりにきちんとした中身の書かれた遺書もあれば，判読の難しいものも多数あるようです。当たり前のことですが，人間は必ずしも自分の状態をきちんと認識する力はありませんし（例：怒っている人に「怒ってる？」と聞くと，「怒ってない！」と怒られる），仮に認識できたとして，正確に書き記せるわけではありません。それが自殺を試みるような極限状態であればなおさらです。

　警察は遺書に限らず，多角的に自殺の原因・動機を分析しています。こうした統計を確認することが次に思いつくことかもしれません。警察では，不審死の捜査の際に自殺と判断されると自殺統計原票が作成され，そこに動機を記入することになっています。もちろん，死者から動機の聞き取りを行うことは不可能であるため，遺書や周りの人への聞き取り，遺留品等から推測されたものです。

　従来，この統計における自殺の動機は，家庭問題，健康問題，経済・生活問題，勤務問題，男女問題，学校問題，その他，不詳から一つ選択されていました。2007年に自殺統計原票が改定され，最大三つまで計上できるようになったという変化はありましたが，内容的に大きな違いはありません。

　2007年の改定後の集計結果を見ると（図5），健康問題が最も高く，次いで，不詳，経済・生活問題，家庭問題と続いていきます。健康問題が最上位であることは一貫した傾向です。健康問題を原因とした自殺といわれるともしかするとうつ病などの精神障害をイメージする人が多いかもしれませんが，この分類には，精神障害だけではなく，身体の病気についても計上されています。また，不詳が非常に多いことからも明らかなように，これだけで自殺者の心理状態や自殺が起こるまでに何があったのかが十分に分かるわけではありません。そも

[16]── Edland, J. F., & Duncan, C. E. (1973) Suicide notes in Monroe County: a 23 year look (1950-1972). *Journal of Forensic Science*, 18, 364-369.

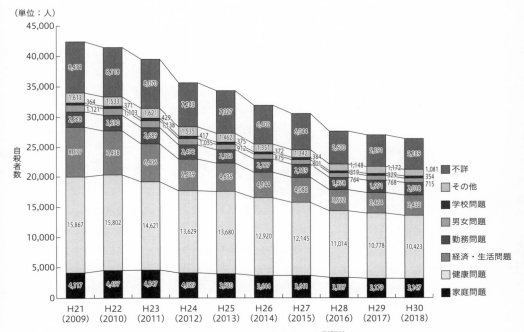

図 5　原因・動機別自殺者数 ▼17▼18

▼17—— 厚生労働省社会・援護局総務課自殺対策推進室および警察庁生活安全局生活安全企画
　　　課（2019）平成 30年中における自殺の状況．https://www.npa.go.jp/safetylife/seianki/
　　　jisatsu/H30/H30_jisatunojoukyou.pdf.
▼18—— 同様の原因・動機別の自殺者数の図は，日本における自殺対策を所管する厚生労働省が毎
　　　年発行する自殺対策白書にも掲載されています。理由は不明ですが，平成 29 年版自殺対
　　　策白書までは原因として不詳が第二位であることが図内に示されていたのに対し，平成 30
　　　年版および最新の令和元年版自殺対策白書では図の中から不詳が削られています。つまり，
　　　原因が分からないということが分からないような工夫がされているということです。これ
　　　は，警察庁の HP に行けば確認できることです。なぜ原因が分からないことが分からない
　　　ようにわざわざ加工されているのかは想像することしかできません。しかし，少なくとも
　　　この事例から，データは作った者の意図が反映されるため，きちんと内容を確認しなければ
　　　いけないということが分かっていただけるかと思います。

そも，健康問題や経済・生活問題と言われても，様々なものがあることは容易に想像できます。

　それでは，自殺の原因は何かという問いに対しては，どのように答えればよいでしょうか。「自殺には実に多様な要因が絡んでおり，原因をただ一つのものに同定することは困難」というのが，現代における自殺研究から明らかになった，標準的な回答です。「それでは何も言ってないのではないか？」と思うかもしれませんが，これは，少なくとも，自殺の原因を単純化してはいけないということを意味しています。

　我々人間は，分からないことが嫌なようです。ですから，それが科学的に正しいかどうかはさておき，分からないことを分からないままにせず，無理やりにでも原因を特定して名前をつけてしまえば少し安心して落ち着きます（例：幽霊，お化け）。

　自殺も同様です。警察庁の統計であれだけ不詳が多いことからも明らかなように，死後に原因を究明しようとしても，そもそも死者は語らず，それ故に分からないことはたくさんあります。しかし，我々は分からないことの辛さに耐えかねて，ついつい原因を簡略化・単純化しがちです。例えば，未成年の児童・生徒が自殺をした時には「いじめ自殺」，中高年男性が自殺をした時には「借金自殺」，といった形で伝えられることが多々あります。また，裁判などで自殺の原因が○○であることが認められたという話が報道されることもあります。ある個人が自殺した際の社会的・道義的な責任をどこかに帰結させるということはコミュニティを運営していく際に必要なことではありますが，そのことと科学的に見て自殺がどのようにして生じる（た）のか，自殺の原因は何なのかという話は全く別のことです。

　大切なことなので繰り返しますが，自殺は実に多くの要因が関連して発生していると考えられており，その原因を明確にすることには多大な困難が伴います。

　しかし，自殺を引き起こす要因が多様だとは言っても，まったく何も分かっていないわけではありません。どのようにして自殺が生じるのか，その背景には何があるのかという話は古くから人を惹きつける研究テーマでしたし，現代においてもそうあり続けています。そのため，かなりの蓄積がなされています。

　そこで，この章では自殺の生起理論の代表例を振り返るとともに，自殺の背景要因に関する説明を行います。自殺理論の変遷を追うにあたっては，古い順

に紹介を行います。初めに，前近代における自殺に関する考え方を紹介し，社会学者デュルケーム（19世紀）の自殺論，精神分析の創始者フロイト（20世紀前半）の自殺論，その後の発展という順で話を展開していきます。

▍悪魔が自殺を引き起こす

　ここでは，近代以降のより科学的に妥当な自殺の生起理論の説明との連続性を見ていくため，ヨーロッパにおける自殺論を取り上げていきます。ただし，ヨーロッパ古代における自殺の原因やプロセスに関する説明はほとんど記録されていません。古代における自殺に関する記述のほとんどは，どのようにして自殺が発生するのかというより，自殺の是非（自殺は良いか，悪いか，なぜそうか）に関するものです。

　中世に入ると自殺の生起プロセスについても，宗教的・神学的（キリスト教的）説明が主流になります。中世・近世において自殺の原因は，自殺をした者の絶望にあるとされました。ここでの絶望とは我々が日常的に用いる意味での絶望とは異なります。絶望（ラテン語のdesperatio）は神の恩寵に希望を見出すことができない状態のことを指しています。つまり，人間と神との関係性が切れてしまい（人間が神とのつながりを見失って）孤独になるということです。

　そして，人が絶望に陥るのは悪魔によるものとされていました。悪魔は人間を誘惑するチャンスを常に狙っていて，弱くてもろい人間という存在は悪魔の誘惑には簡単に負けてしまうのです。

　17世紀のプロテスタントの牧師であるリチャード・ギルピンがまとめた悪魔が人を絶望に陥れる方法を読むと，非常に興味深く，現代の自殺の生起プロセスに関する理論との類似性を見てとることができます。[19]そこでは，直接的な方法として，人間の意気消沈につけ込み辛苦や不安を増幅する，良心の呵責に働きかける，英雄的な果敢さに訴える，慣習を利用する，来たるべき幸福を待ち望んでいるかのように思い込ませる，といった説明がなされています。間接

▼19―――吉田幸子・久野幸子・岡村真紀子・齊藤美和（2005）ヨーロッパの自殺観――イギリス・ルネサンスを中心に．英宝社ブックレット．

的な方法としては，殉教，アルコール等の感覚的な逸楽に耽らせる，災難に遭遇しそうな行為に向かわせるといったものが挙げられています。

　人間の意気消沈につけ込み辛苦や不安を増幅するということは，辛苦や不安を人が感じている時に，悪魔が今おかれている状況をさらに悪く感じるように仕向け，その状況を耐えがたいものだと信じ込ませるということです。そして，そこで自殺が唯一最善の解決策であることを示し，自殺に誘うというわけです。これは，この後に紹介するシュナイドマンの自殺理論と類似した考え方です。[20]また，アルコール依存は自殺との関連が指摘される問題ですが，こうした点に言及している点からも現代の理論とのつながりを感じることができます。

┃ デュルケームの自殺論
┃ 社会の視点

　次に，フランスの社会学者であるエミール・デュルケームの『自殺論』を扱います。デュルケームの『自殺論』は1897年（デュルケーム自身は39歳）に刊行された，社会学の立場から自殺の原因に迫った論考です。これは一般に，近代自殺学のスタート地点と考えられています。

　この論考では，それぞれの社会には固有の特徴があり，それが一定の数の自殺を引き起こしている（社会的自殺率が存在する）ことが述べられています。つまり，自殺という事象に対して個人内要因（心理，精神障害，遺伝等）のみならず，個人外の要因に焦点を当てることの重要性を示したということです。もちろん，個人外の要因が自殺に与える影響があることは古くから想定されていましたが，それを統計的データに基づいて説明しようとした点が新しく，またその姿勢は現代にも引き継がれています。19世紀後半からヨーロッパで生じた自殺率の急上昇は多くの研究者の目をひいていたため，『自殺論』の内容は強いインパクトを与えました。

　『自殺論』では，はじめに個人内の要因や物理的環境による自殺の生起の説

▼20──── もちろん，リチャード・ギルピンの説明の方が前になされているわけですから，正確には，現代の自殺理論がこれら神学的な説明から影響を受けていると考えるのが正しいです。

明がほとんどあてにならないことが示された後に，自殺率の差を引き起こす社会的要因（宗教・宗派・家族・政治・職業集団）に焦点があてられます。それらのデータを参照しながら，デュルケームは自殺のタイプ（自殺を引き起こす社会のありよう）を大きく三つに分類しました。それらは，自己本位的自殺，集団本位的自殺，アノミー的自殺と呼ばれています。

　自己本位的自殺とは，社会集団の凝集性が弱まり，個人化が進行することによって生じる自殺のことを指しています。デュルケームはその根拠として，宗教（ユダヤ教，カトリック，プロテスタント），婚姻状態，家族構成員の数，政変や戦争，都市化が自殺率に与える影響を挙げています。

　集団本位的自殺は，集団の価値観や規範に服従することから生じる自殺のことを指しています。集団からの個人化が著しく未熟な社会集団で起こるものであり，自己本位的自殺と反対のものだと考えることができます。デュルケームは，未開社会で起こる自殺の例や軍人の自殺率の高さを根拠としています。ただし，自己本位的自殺と比較して，総じてデータの裏付けが少ないという問題があります。

　アノミー的自殺は，個人の欲望を抑制する社会的規範が緩んだことにより，個人の欲望が暴走し，その結果として起こる虚無感や欲求不満によって生じる自殺のことを指しています。デュルケームはその根拠として，経済危機や経済的急成長，特定の大きなイベント（万博等）が自殺率に与える影響を挙げています。

　社会的原因によって自殺は三つのタイプに分類できましたが，それは形態学的な特徴も説明できるとされています。自己本位的な自殺では，死者は，無気力で，自己満足をともなった物憂げな憂鬱を示します。集団本位的自殺では，平静な義務感，神秘的な霊感，落ち着き払った勇気といった特徴を示します。アノミー的自殺では，生やある人物に対する荒々しい非難を示します。

　デュルケームがなぜ自殺の問題に興味を抱いたのかは定かではありませんが，『自殺論』が公刊される 11 年前に，親友のヴィクトール・オンメーを自殺で亡くしていることが影響していると言われています。個人よりも社会的要因の影響力を重視していますが，デュルケームが自殺の研究を精力的に進めたことの背景には個人的事情が強く影響していたようです。また，デュルケームはユダヤ教の律法教師であるラビの家に生まれ，ユダヤ的な強い凝集性の中で生まれ

育ちました。集団の凝集性が自殺率に両義的な影響を与えるという発想は，そのような環境が土壌となっていたかもしれません。

　『自殺論』の中で行われている統計的分析については，現代の研究水準からみると問題があることが指摘されています。また，デュルケームの分析は自殺率の差異がある特定の社会集団の間に存在することを示したに過ぎず，このような三タイプの自殺が存在することが実証されたわけではありません。

　しかし，『自殺論』の中で論じられ，提出された概念は，現代日本における自殺の生起の説明をその射程におさめていると評価して良いように思われます。例えば，1950年代後半および2000年代以降の若者の自殺率の上昇は，価値観や規範の転換によるアノミー的自殺とみることができます。また，離婚や戦争による集団凝集性の変化が自殺に影響を与えるという現象は，現代日本においても変わらぬ事実です。

▌フロイトの自殺論
▌個人の視点

　個人的な要因ではなく社会的な要因を重視したデュルケームの理論がある一方で，近代以降の個人的な要因を重視した自殺に関する理論としておさえておかなければならないのは，精神分析学を創始したオーストリアのジークムント・フロイトです。フロイトはデュルケームとは異なり，個人内の心的要因を重視する立場です。フロイトの理論はその時期によって大きく変遷を遂げていますが，自殺に関する説明もある時期から大きな変化を見せています。

　フロイトは自殺を，愛するもの（家族や友人といった人から，仕事や地位といった抽象的なものも含む）を喪失したことから生じる攻撃性が，自己へと向けられたものであると説明しています。愛するものとは愛情関係を形成していますが，そこには愛のみならず憎（攻撃性）も含まれる両義的な関係が成立しています。そこで愛するものが喪われると，愛する対象に向けられていたリビドー（人間を動かす根源的エネルギー，性欲動）が行き場を失い，自己へと向けられます。こうして，愛するものへと向けられていた攻撃性が自己へと向き，これが自殺を引き起こすというのが当初のフロイトの説明になります。[21]

　しかし，1920年の『快楽原則の彼岸』からは説明が大きく変更されています。

これ以後，フロイトは人間には生の本能のみならず，死の本能も存在すると仮定するようになります。つまり，それ以前は生きることが人間の本能であると考えていたが，それは自明の前提ではなく，むしろ生とは死の本能との戦いであると考えるようになったということです。死の本能とは安定した世界への帰還欲求であり，その発現が自殺だと見ることができるという説明に変化をしていきました。

このような説明の転換にはフロイト自身の発達の中で生じた様々な出来事が影響しているといわれています。この時期のヨーロッパは第一次世界大戦の長期化によって死者・負傷者が爆発的に増大していた頃です。フロイトはその影響を受け，戦争神経症の患者を多数診察することになりました。また，弟子や家族の死，自身の健康問題の悪化も影響していたといわれています（フロイトの生年は1856年ですから，それなりの年齢です）。

┃ 理論の展開と評価

精神分析はその後世界的な広まり・発展を見せました。ただし，精神分析を基礎とする者の自殺に関する説明はおおむね他者へ向けられていた攻撃性が自己へ転換したという当初のフロイトが持っていた発想を基礎としたものです。

▼21——この理論は自殺だけではなく，自殺と他殺の関係についてもきれいに説明してくれます。フロイトは攻撃性が内に向いたものが自殺だとしましたが，そのためか，自殺と他殺を攻撃性という共通項でくくり，関連づけて考える人は多くいます。実際，無理心中や，銃の乱射事件後に犯人が自殺をしたといった事件を見ると，自殺と他殺は大いに関係がありそうな気がしてきます。愛する者への憎悪によって殺人を行い，愛する者が喪われた後にその攻撃性が自己へ向けられて自殺をするというように，精神分析の考え方を使うと無理心中や銃乱射後の自殺などは実にきれいに解釈をすることができ，なんとなく納得してしまいます。しかしながら，自殺と他殺については，その関係性がそれほど綺麗に関連づけられているわけではありません。

例えば，自殺と他殺の国際比較をすると，自殺率が高く他殺率が低い国，自殺率が低く他殺率が高い国，両方とも低い国の三種類の国があり，この比率はそれほど大きく変化しないようです。同一地域内での自殺率と他殺率を比較していくと，正比例するという報告と，反比例するという報告がどちらもそれなりの数見られます。また，自殺率・他殺率の増減に影響を与える要因には一定の共通点が見られる（例：性別，戦争の影響）一方で，異なる要因も見つけられます（例：年齢）。つまり，自殺と他殺の関係はいまいちよく分からないということです。まことしやかな俗説には十分注意したいものです。

その後に提出されたフロイトの「死の本能」仮説は彼を慕う精神分析家の中でも大きな波紋を引き起こし，精神分析家の中でも支持・非支持が大きく分かれる問題となりました。そのため，こちらの説明は精神分析を基礎とする者にも必ずしも支持されていません。フロイト以降に生じた精神分析の系譜につらなる自殺の説明においては，おおむね，親や愛するものの喪失，休息や無に帰したい願望（死の本能），に加えて，贖罪，復讐，救済と新生，適応といった願望が重視されるようです。

　自殺の生起過程に関する説明に限らないことですが，精神分析の理論あるいはフロイトの理論は実証性・科学性に欠ける部分があります。なぜならば，フロイトが想定している人間の心の機能は無意識に存在し，その無意識を（少なくとも現代の科学では）取り出して測定することができないからです。そのため，自殺者が生前，他者への攻撃性を自己に転換してしまい，その結果として亡くなったということや，死の本能が発現したことによって死亡したということは科学的に実証されたとは言い難い状況です。もちろん，愛する他者・対象を喪うことが自殺のきっかけとなりうるという点については，現代においてもみられる現象ですが。

現代における自殺予防理論の展開
シュナイドマン・モデル

　現代の自殺理論は社会的な要因というよりは，個人的な要因に焦点があてられたものが多い印象です。自殺予防活動が活発化してくると（それはついこの半世紀ほどのことですが），自殺を防ぐための介入が実施されるわけですが，そのために個人の（主に心理的な）状態から自殺の危険性を判断しなければならないからだと思われます。デュルケームのいうように社会の状態や社会的な要因が自殺に影響を与えていたとしても，そこに介入するには時間がかかります。また，その効果も見えづらく，効果の検証もしがたいという側面があります。そのため，社会的な視点というよりは，個人内の自殺へ至るプロセスに焦点をあてた理論が構成されていったものと思われます。

　すでに見た精神分析的な個人を重視する視点（他者へ向けられていた攻撃性が自己へ転嫁したものが自殺である）を基礎としながら，自殺が生起するまで

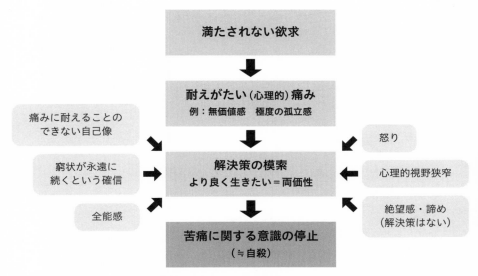

図6　自殺の生起プロセス（シュナイドマン・モデル）

をプロセス化した代表的な理論には，アメリカの自殺学者エドウィン・シュナイドマン（Edwin Shneidman）のものがあります。シュナイドマンが重視したのは，適応の願望です。これは精神分析的な自殺モデルの中でも強調されていた要因の一つで，自殺を適応の挫折であると同時に，適応への切望の表明だととらえるという視点を提供しました。つまり，自殺は自身の抱える問題を解決し社会へ適応する過程で誤って生じてしまうという考え方です。

　図6はシュナイドマンが語る自殺に関する10の共通点（表1）を私なりに解釈し[22]，自殺の生起過程のプロセス図に落とし込んだものです。

　このモデルでは，自殺の契機を満たされない欲求に求めます。欲求が満たされないことにより心理的な痛みが発生するので（痛いとか辛いのは嫌なので），それを人は解消しようとします。ここまでは正常な心理的なプロセスであり，

▼22——エドウィン・S. シュナイドマン（著），髙橋祥友（翻訳）（2005）シュナイドマンの自殺学——自己破壊行動に対する臨床的アプローチ．金剛出版．

表 1　自殺に関する 10 の共通点

1. 自殺に共通する目的は，解決策を探ることである。
2. 自殺に共通する目標は，意識を止めることである。
3. 自殺に共通する刺激は，耐えがたい心理的痛みである。
4. 自殺に共通するストレッサーは，心理的要求が満たされないことである。
5. 自殺に共通する感情は，絶望感と無力感である。
6. 自殺に共通する認知の状態は，両価性である。
7. 自殺に共通する認識の状態は，狭窄である。
8. 自殺に共通する行動は，退出である。
9. 自殺に共通する対人的行動は，意図の伝達である。
10. 自殺に共通する一貫性は，人生全般にわたる対処のパターンである。

　我々も共感できるものです。しかし，耐えがたい心理的痛みを解消するための方法として，自殺者は自らの意識を止めるという方法を採用してしまいます。確かに意識が停止していれば苦痛を感じることがないのでそれはある意味で問題を解決することにつながるわけですが，苦痛を感じる意識を永遠に停止するということはすなわち自己が死ぬということです。このようにして自殺が生じるということをこのモデルは示しています。

　苦痛に関する意識の停止（≒自殺）はその人が抱えている問題を解決し，よりよく生きたいという適応の願望が誤って実現してしまった結果です。そのため自殺は予防しなければならない（より上手な方法で問題を解決することの必然性が生まれる）というのがこのモデルの示唆するところです。こうした視点に立つと，「死にたい」は「よりよく生きたい」の言いかえであることが理解できるかと思います。

　それでは自殺で亡くなってしまった人はどうしてこのような誤った，そして極端な解決策を採用してしまうのでしょうか。それは，自殺のプロセスにある周辺的な心理が影響をしていると考えます。例えば，痛みに耐えることができない自己像や窮状が永遠に続く確信といった感覚は問題解決をすることを焦らせます。我々は何か人生における困難に遭遇した際に，必ずしも常にすぐにその問題を解決できるわけではありません。なんとなく問題を抱えながら辛い時をやり過ごしている間に，環境や他者の影響によっていつの間にか状況が変わっ

ているということはよくあることです。しかし，自分は痛みに耐えることができないと思い込み，この窮状が永遠に続くと確信していれば，このような対処法略をとることができなくなり，極端な問題解決に走る可能性が高まってしまいます。

　また，通常，困難に遭遇した際に選ぶことのできる選択肢は一つではありません。しかし，心理的視野狭窄といった状態に陥ってしまった場合，採ることのできる解決策が一つしか見えなくなってしまいます。それが意識をとめるという方法だということです。

　こうしたプロセスを見ていくと，その説明の方法が個人内のプロセスに重きを置いていること，古くからの説明（宗教的・精神分析的）を発展させたものであることが理解できるはずです。対象の喪失をきっかけにした心理的な変化が自殺の原因となっているという点は，宗教的な説明にも，精神分析的な説明にも共通するものです。また，こうした問題への適応の方法が自殺を引き起こしているという考え方は精神分析的なものであり，痛みに耐えることができない自己像や窮状が永遠に続く確信といった要素は中世・近世における「悪魔」の役割と同一のものと見ることができます。

　ただし，このようなモデルの科学的妥当性は十分高いとは言えません。そもそも，自殺直前の人間の心理状況は明らかになっておらず，このような心理的プロセスを経て自殺が発生しているということが科学的な手法を持って明らかになっているということはありません。こうしたモデルは，シュナイドマン自身が危機介入を行った経験（自殺の危険性の高い人との面接や電話）や考察に基づいていて作られており，それをどう評価するかは，判断の分かれるところです。今後，より科学的に妥当な方法でモデルの妥当性が検証されれば良いのですが，そうでなくとも，理解のしやすさ，臨床上の使いやすさ，自殺予防活動の展開における有用性という意味では非常に優れたものだと評価することもできます。

▌自殺の対人関係理論

　最後に，現在，自殺の危険性を予測するための理論として最も注目を集めている理論を紹介し，本章を締めくくりたいと思います。それは，アメリカの精

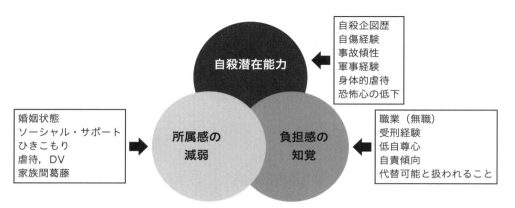

図7　自殺の対人関係理論

神科医であるトーマス・ジョイナー（Thomas E. Joiner）らが提唱している自殺の対人関係理論（Interpersonal Theory of Suicide）です[23]。自殺の対人関係理論はここまで紹介してきた個人内の心理的な要因に着目して作られた自殺生起プロセスに，デュルケームの理論で紹介したような社会学的な発想を融合させた点に特徴があります。また，理論そのものの科学的妥当性の検証が最も進んでいる理論だということも特徴の一つです。

　ジョイナーらの提唱する自殺の対人関係理論の内容を図にしたものが図7です。この理論では，身についた自殺潜在能力（以下，自殺潜在能力），所属感の減弱，負担感の知覚の三つの要素が合わさった時に自殺が生じると考えます。

　自殺潜在能力とは，自らを傷つける際に生じる恐怖や疼痛に耐える力のことです。誤解を恐れずに言えば，死に切るほどのダメージを自分の身体に与える能力ということになります。一般に，我々は，自分の身体に対して死に至るほどのダメージを与えることができません。例えば，「今こうして本を読んでいる手を本からはなし，利き手を固く握って拳を作り，その拳で全力で（手加減

▼23──トーマス・ジョイナーら（著）北村俊則（監訳）（2011）自殺の対人関係理論──予防・治療の実践マニュアル．日本評論社．

なしで）自分の頬を殴って下さい」と言われたとしても，ほとんどの人はそれができないと思います。やる意味がないからだと言われるかもしれませんが，例えば，相当な金銭的報酬を与えられることが条件として出されていたとしても（少なくとも，その後に必要となる医療費以上の），おそらく「全力」で殴ることはほぼ不可能だと思います。ヒトとしての本能が，自らの身体にそれほどのダメージを与えることを拒否するのではないでしょうか[24]。

　自殺をするということは，死に至るほど強烈なダメージを身体に与えることであり，強烈な恐怖心を伴う行動を行うことになります。恐怖心は自然と克服できるわけではなく，そのためには慣れが必要です。そのため，自殺企図や自傷行為を繰り返し，身体にダメージを与えることに慣れることは，自殺潜在能力を高めることにつながります。軍事経験，身体的虐待，といった要因が自殺潜在能力を高めるのも同様の原理です。

　二つ目の要素である所属感の減弱とは，我々が孤独感と呼んでいる感覚と同義のものです。孤独感の減弱は，他者とのコミュニケーション頻度や内容の質が低下することによって高まります。そして，第三の要素である負担感の知覚と組み合わさることによって，自殺念慮を生み出します。負担感の知覚とは，大切な他者にとって自らが負担になっているという感覚のことで，この感覚は，無職，ひきこもり等の社会的状況から生じます。所属感の減弱と負担感の知覚が合わさって自殺念慮が生まれたとしても，自殺潜在能力がなければ死に切ることはありません。一方で，自殺念慮が生まれた場合に，自殺潜在能力が十分にあれば，致死的な自殺企図が発生し，結果として死に至るかもしれません。自殺の対人関係理論では，自殺の発生をこのように考えます。

　そして，これらの三つの要素を高めるものは，図の中の四角で囲まれたようなものです。例えば，自殺潜在能力は，自殺企図や継続的な自傷行為等によって高まります。ここに書かれているものはいずれも自殺率の差を生み出すものです。例えば，軍事経験の有無は自殺率の高低と関連がありますが，それは自殺潜在能力を高めるからだと考えられています。このようなアプローチの仕方

---

[24] ——自殺ではなく他殺の話になってしまいますが，人間が人間の身体に対して致死的なダメージを与えることがいかに困難かを理解するために，以下の文献が参考になります。デーヴ・グロスマン（著），安原和見（訳）（2004）戦争における「人殺し」の心理学．筑摩書房．

は，デュルケームと同様であり，集団間の自殺率の差異が自殺のリスクを高める個人特性によって生まれているという想定をしています。

　図7は見やすさを考慮し，便宜的に一つの背景要因が一つの要素に影響を与えるかのように作りましたが，これらの背景要因の中には自殺の対人関係理論の三要素の複数のものに影響を与えるものもあります。例えば，アルコール依存者の自殺率は高いということが，この理論できれいに説明をすることができます。酩酊状態になれば通常の意識状態で感じている死への恐怖や疼痛感覚が麻痺をします（自殺潜在能力の上昇）。また，依存状態がひどくなり家族関係が悪化したり，時には離婚にまで発展する場合もあります（所属感の減弱）。さらに，仕事を解雇されたり，そこまでいかなかったとしても，飲酒の問題で他者に迷惑をかけるといったことも生じる可能性があります（負担感の知覚）。このアルコールへの依存の例のように，一つの問題が複数の要素を増強しうることはあり得ることですし，そのような要因は特に自殺との関連が強いと言うことができます。

▌自殺直前の心理状態
▌他殺を参考に

　誰か大切な人・身近な人をなくし，（あの）人はなぜ自殺をしたのか？　と問わねばならなくなった時，我々が最も知りたいことは，おそらく，死の直前がどのようなものであり，何を考えていたのか，どういう状態だったのか，ということだと思います。そして，残念ながらそれを正確に知るすべはありません。なぜならば，亡くなった人からそれを聞き出すことができないからです。仮に，今後，我々の意識状態や思考内容について，リアルタイムにデータを取得し続け，記録されるようなことになれば（脳内に，そのようなナノマシンが埋め込まれている状態でしょうか），こうしたことが明らかになる日もくるかもしれませんが，現状では不可能です。

　分かっていることは少ないものの，おそらく確実だと思われることの一つに，自身の身体に対して致死的なダメージを与えることに対する強烈な恐怖感や忌避感を乗り越えさせるような何かが起こっているだろうということがあります。こうした抵抗感を抑え込み，自殺潜在能力を高めるような「何か」が直前には

表 2　戦場における殺人行動を促す要因のまとめ[25]

権威者の要求	権威者との物理的近接度		
	権威者への主観的敬意		
	要求の強度		
	要求の正当性		
集団免責	集団に対する同一化		
	集団との近接度		
	集団による殺人支援強度		
	集団の人数		
集団の正当性	犠牲者との総合的距離		
	物理的距離		
	心理的距離	社会的要因（例：社会階層の隔たり）	
		文化的要因（例：人種が異なること）	
		倫理的要因（例：復讐による正当性）	
		機械的要因（例：道具の使用）	
殺人者の素因	訓練／条件づけ		
	最近の体験		
	気質		

起こっているはずです。もちろん，その「何か」はケースバイケースで異なりますが，ここでは，他殺に関する研究を参考にどういう要因がその「何か」になりうるのかを考えてみたいと思います（表2）。フロイトの理論とその注意点についてはすでに述べた通りですが（他殺と自殺とを同一のメカニズムと考えることには慎重であるべきですが），自殺者は直前の意識状態について語ることができないのに対し，他殺者は，それを語ることができるからです。

　表2は，戦場において兵士が敵を殺害する行動を起こすことを促す要因をまとめたものです。戦争という正当性があるにせよ，人間は，他者の身体に致死的なダメージを与えるような行動をとることを可能な限り避けようとすること

▼25——デーヴ・グロスマン（著），安原和見（翻訳）（2004）戦争における「人殺し」の心理学．筑摩書房．

が明らかにされています。そのため，そうした行動をとらせるためには，様々な「サポート」が必要です。身体に致死的なダメージを与えることを命じる者（自殺の場合は自分自身）の要求が強く，正当なものに感じられること，集団によってその行動への恐怖が減じられること，道具の使用によって恐怖心が低下すること，訓練を受けておりそのような行動を起こすことに慣れていることなどが重要であることが分かります。

　自殺においても，おそらく一部は同様の事態が起こっています。道具を使わない自殺というものは，ほとんど発生しませんし，訓練（過去の自殺企図）によって自殺潜在能力が高まる（自殺企図に対する恐怖心がうすれ，より致死的な方法で企図を行うことができるようになる）ことはすでに述べた通りです。そして，こうした要因を見れば，例えば，心中や集団自殺のような，自殺と他殺の中間のような行動が発生する原因も理解が可能になります。2000年代前半に流行した，いわゆるネット心中などはこうした要素が多数含まれているために，自殺企図が容易になったと推察されます。

　また，自殺の直前状態は「解離」と言われる意識状態であるという仮説もとなえられています。[26]解離とは，自己コントロールを喪失した心身状態の一つで，記憶の連続性が断絶したり，意識外の行動をとってしまうといった結果を引き起こします。この仮説によれば，自殺念慮の高まりによって解離状態が引き起こされると，解離の直前の意図が半ば自動的に実行され，その結果亡くなってしまうと考えられます。通常の意識状態ではなくなるため，身体に致死的なダメージを与えることに対する恐怖心も低下し，それ故に自殺企図が起きやすくなるのかもしれません。

　アルコールやいわゆる禁止薬物などの摂取によって意識状態を変えている場合もあるようです。お酒を飲むと，いつもより気が大きくなって（様々なことに恐怖を感じることができなくなって），普段であればやらないようなことをやってしまったなどといった経験がある人は少なくないと思います。アルコールや薬物が自殺の危険因子となる背景には，それそのものが直接的に自殺企図への

▼26ーーー張賢徳（2006）人はなぜ自殺するのかーー心理学的剖検調査から見えてくるもの（精神科医からのメッセージ）. 勉誠出版.

恐怖心を引き下げるからという側面があるようです。

▌ウェブ検索に見る自殺に対する恐怖感

　我々が自らの身体に致死的なダメージを与え自殺を実行することにいかに恐怖を感じるのか，ということは，ウェブ検索の履歴からも見て取ることができます。グーグルトレンドというサービスは，ウェブ検索における特定のトピック・ワードがどれだけ検索されているのか，そのトレンドを知ることができるものです。このサービスには，ある特定の検索語と関連して検索されることの多いワードを調べる機能もついています。現代においては，死にたくなり自殺を考える人の中には，どのような方法で死ぬことができるのかをウェブ検索で調べる人がいます。そこで，「自殺方法」（対象地域：日本）と「suicide method」（対象地域：全世界）という検索語を検索した人が関連して調べている言葉を並べてみました。それが表3です。

　この結果を見れば，我々がいかに「楽」「簡単」「easy」「painless/least painful」「effective」な自殺方法を求めているのかということが分かります。もちろん，こうした傾向に洋の東西はありません。私はスペイン語や中国語の素養はありませんが，おそらく他の言語圏においても同様の結果が得られるものと思われます。つまり，我々は自分自身の身体に対して致死的なダメージを与えることが恐いため，楽で苦しみや痛みの少ない効果的な自殺方法を探し求めているというわけです。反対に言えば，そうした方法がなければ，我々は自ら死ぬことはできない，とも考えることができます。

▌まとめ
▌再び，人はなぜ自殺をするのか？

　自殺の原因や動機，故人の生前の（自殺直前の）状態を科学的に知る術は限られています。そのため，単一の情報（例：遺書）を鵜呑みにせず，確実な方法で収集された情報を多角的に分析していくことが重要です。自殺を単純なものと見なしたい誘惑，分からないものにレッテルを貼って分かりたいという誘惑に我々は抗う必要があります。そうでなければ，真実は見えてきません（誘

表3　「自殺方法」に関連する検索語上位 24 語[27]

関連順	検索語「自殺方法」 （対象地域：日本）	検索語「suicide method」 （対象地域：全世界）
1	自殺	best suicide method
2	自殺 方法	most common suicide method
3	自殺 の 方法	painless suicide method
4	死ぬ 方法	best method of suicide
5	自殺 する 方法	easiest suicide method
6	死に たい	most common method of suicide
7	首吊り 自殺	easy suicide method
8	首吊り 自殺 方法	most effective suicide method
9	自殺 楽	least painful suicide method
10	自殺 楽 な 方法	suicide squad
11	練炭 自殺 方法	easiest method of suicide
12	練炭 自殺	
13	自殺 したい	
14	安楽 死 方法	
15	安楽 死	
16	飛び降り 自殺	
17	死に 方	
18	楽に 死ねる 方法	
19	自殺 サイト	
20	楽に 死ぬ 方法	
21	簡単 な 自殺 方法	
22	じさ つの ため の 101 の 方法	
23	簡単 に 死ぬ 方法	
24	楽 な 死に 方	

▼27———グーグルトレンド（https://trends.google.co.jp/trends/?geo=JP）を用いて 2019 年 8 月 28 日に検索した結果。筆者作成。

惑に抗えたとしても，必ずしも見えてくるわけでもありませんが）。

　ここまで見たように，ある特定の個人について，その人がなぜ死に至ったのかを詳細に知ることは相当に困難です。しかしながら，多くの人は，他者との関係性が切れて孤独になり，その過程で自分が周囲のお荷物であるかのように感じることで，死にたいと思うようになっていきます。なんとかこの状況を変えたいと思いつつも，どうすることもできないと絶望しているかもしれませんし，他人ならば見えるものが見えておらず，死ぬ以外に解決策はないと思い込んでいるかもしれません。死にたいと思ったとしても，致死的な自殺企図に至ることはそう多くはありませんが，自身の身体に致死的なダメージを与える恐怖を克服するだけの経験を有している場合に，死に至ることがあるというのが，現代における標準的な考え方です。

　使い古された言葉を繰り返したくはないのですが，文字通り，人は一人では生きていけないわけです。他者と関わり，自らが有用だと感じることができなければ，生き続けることができず，自殺に至る可能性が高まってしまうのですから。[28]

▼28——なぜ人がこれだけ他者と関わる必要があるのかということを考えるに当たっては，以下の文献が参考になるかもしれません。人類が，虚構を信じることで協働を可能にし，それを武器としていったという仮説が唱えられています。ユヴァル・ノア・ハラリ（著），柴田裕之（翻訳）（2016）サピエンス全史（上）（下）：文明の構造と人類の幸福．河出書房新社．

第**3**章

危険因子

誰が死んでいるのか？

··

▌「皆さん，誰が自殺で死んでいると思っていますか？」

　私は所属大学で自殺に関する講義をする際に，まずこの質問から授業をスタートさせます。何年もやっており学生の反応は毎年ほとんど変わらないので，当たり前と言えば当たり前なのですが，学生は毎年こちらの予想通りの「誤った」リアクションをしてくれます。授業進行上，こうした反応は非常に助かりますが，一方でまたかと非常に残念な気持ちになることも確かです。

　多くの学生は，自殺は若い人に多く，若者の問題だと思っています。これは，典型的な誤った自殺のイメージであり，現実を捉えてはいません。自殺は一般に隠される問題であり，我々が常日頃こうした問題に接するのは，メディアを介してということになります。それ故に，自殺については偏ったイメージを持ちがちです。それでは，どのような人が自殺で亡くなっているのでしょうか。

▌自殺率の歴史的変遷

　初めに，日本の戦後における自殺率の変遷を見ていくことを通じて，現状を整理します。図8は戦後の日本における自殺年齢調整死亡率[29]の推移を示したものです。この図を見れば分かるように，戦後の日本には大きく分けて3回自殺

▼29────年齢調整死亡率とは，異なる年齢構成の集団の間で死亡率の差を比較可能にするために，年齢構成の差の影響を取り除いた死亡率のことを指しています。これは，死亡率のローデータと若干異なる数字になります。ごく単純に言って，戦後すぐの日本の人口構成が若者中心であったのに対し，現在（2020年）の日本は高齢化の進行が著しい状況にあります。若年世代の自殺率は低いため，戦後すぐの日本に比べ，今の日本は高齢者が多い分，自殺率が高めに出る傾向があるはずです。その分を調整したものが，年齢調整死亡率です。

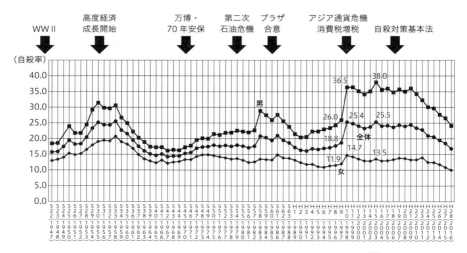

図8　戦後の自殺年齢調整死亡率の推移と社会のイベント[30]

　率が高まった時期があります。第一次自殺急増期は1950年代半ばから1960年頃，第二次は1980年代中頃，第三次は1998年から2008年頃までです。

　第一次急増期は戦後の混乱が残っていた時期から高度経済成長が始まってまもなくの時期になります。この時期には男女を問わず，若年層の自殺が急増しました。その背景には，戦前からの価値観が大きく転換したこと，軍事経験者の増加（帰還），禁止薬物等の蔓延といった要因が挙げられることが多いようですが，何が自殺率を高めたのかに関する決定的な証拠はありません。こうした要因がなぜ自殺率を高めるのかについては，前章を読んでいれば分かることと思います。

　いずれにせよ，戦後のこの時期は，終戦（およびアメリカの影響）によって既存の価値観が大きく変わった時代でした。もちろん，全ての人々が価値観の転換を経験したのですが，特に自殺率の上昇の著しかった1935〜40年生まれの世代は，終戦の影響により義務教育の内容が大きく転換するといった出来事

▼30━━データソースは，平成30年版自殺対策白書（人口動態統計より作成）

を経験しています。戦後すぐの時代には教科書の内容の修正が間に合わず黒塗りの教科書が使われた，という話は今では社会の教科書に掲載されている歴史的な出来事です。

　社会全体で共有されていた価値観・道徳・規範といったものが大きく転換することによって自殺が増加するという現象を見出したのは，すでに紹介した社会学者のデュルケームです。デュルケームはこのような自殺をアノミー的自殺と命名しました。戦後日本の第一次自殺急増期は，特定の世代が価値観の転換の大きな影響を受け，アノミー的自殺が増加したことによって生じたと考えられています。このような若い男性の自殺率の変化が社会構造の転換の目印となることは，古くから指摘されているところです。

　第二次急増期は，中高年男性の自殺が増えた時期でした。この時期には1985年のプラザ合意による円高不況という経済的要因が背景にあることが示唆されています。また，この時期に自殺者数が増えた中高年男性（特に1935〜40年生）は，第一次急増期において自殺のリスクが高まった若年層世代と同じ人たちです。つまり，この世代の人たちは生育環境（敗戦後の教育政策の転換）等の影響により自殺のリスクがそもそも高い人たちであり，彼らが中年期危機を迎えたところに円高不況の影響が加わったことで，自殺者数が増えたという仮説も唱えられています。[31] なお，中年期危機とは，中年の時期（40歳前後）には，身体的衰えを自覚し，家族（離婚）や職場（昇進／離職）で大きな変化が生じることが多く，多難な発達段階を迎えることを示した心理学用語です。

　第三次急増期は1998年に一気に自殺者数が前年よりも8千人も増え，それ以降自殺者数が3万人前後で推移している時期のことを指しています。バブル崩壊後の長引く不況が背景にあるといわれていますが，[32] 第三次自殺急増期はこれまでの時期よりも自殺者数が増加している期間が長いのが特徴です。

　自殺が急増した98年の前年（97年）は，消費税が3％から5％に増税された年でした。これに加え，アジア通貨危機などによって大きく景気が後退し，銀行の貸しはがしや貸し渋りが発生しました。山一證券の破綻は97年，北海道

▼31——ただし，第一次急増期には女性の自殺率も高くなったのに対して，第二次急増期は女性の自殺率がそれほど高くなってはいませんので，これだけで全て説明できるというものでもありません。

拓殖銀行の破綻は98年です。98年の自殺者数急増の中心は中高年男性ですが，その背景にはこうした経済的問題があるといわれています。[33]

　2003年を過ぎた頃には，中高年男性の自殺は減少傾向に入りますが，一方で，若年層の自殺が増加しました。そのため，中高年男性の自殺は減少傾向に転じたものの，総じて，自殺者数自体は横ばいが続くこととなりました。この時期にいわゆるロスジェネ世代（1970〜82年前後生）を中心とした若年層の自殺率が増加傾向になった背景には，継続的不況と就職氷河期の影響，グローバル化にともなう価値観や規範の変化といったものが挙げられています。自殺対策基本法以後，自殺率は着実に低下していますが，原因不明の死亡数の増加が同時に発生していることは第1章でも述べた通りです。

▎自殺は第一に，おじさんの問題である

　図8を見れば明らかなように，男性の自殺は女性のそれよりも常に多くなっています。世界的に見てもこの傾向は変わらず，もちろん，地域により若干の違いはありますが，男性は女性の2〜3倍程度自殺の危険性が高いというのが通常です。[34]

　そして女性の自殺率が比較的一定の値を示しているのに対し，男性の自殺率は社会的なイベントによって大きく変動することも見てとれるかと思います。経済的な変化や価値観／ライフスタイルの変化といった大きな変動があるたびに，男性の自殺率は大きく反応をしています。

▼32───世界各国で，失業率と自殺率との間には相関関係が見られます。経済状態・政策と自殺の関係の詳細は，以下の文献を参考にして下さい：澤田康幸・上田路子・松林哲也（2013）自殺のない社会へ──経済学・政治学からのエビデンスに基づくアプローチ．有斐閣．

▼33───2014年4月にはさらに消費税が5％から8％に引き上げられました。しかしながら，2013年4月から実施されていた日銀によるいわゆる異次元金融緩和政策によって資金供給量が増大していたこともあってか，前回の消費税率の引き上げの際に生じた経済的混乱は発生しませんでした。

▼34───一方で，自殺企図者／未遂者は男性よりも女性の方が多くなっています。つまり，実際に自殺企図をして死に至る割合が男女で異なるということです。これは，男性の方が女性よりも自らの身体にダメージを与える能力が高いためと考えられています。実際，男性の方がより致死的な方法を選択することが多くなっています。

　それでは，なぜ男性は常に女性よりも自殺のリスクが高いのでしょうか。こうした疑問を考える際には，前章で見た理論が非常に役に立ちます。科学的な理論というのは，現象（この場合は自殺）の説明・予測・制御を目的に作られていますから，こういうことを考える際に非常に有用です。

　ここでは，自殺の対人関係理論を使って考えてみたいと思います。自殺の対人関係理論とは，自殺潜在能力，所属感の減弱，負担感の知覚の三要素から自殺の危険性をとらえる考え方でした。男性は女性よりも身体的な暴力行為に馴らされており，リスキーな行動を日常的にとる傾向にあります。身体的な痛みや，暴力に対する恐怖心への慣れという点を考えれば，男性が女性よりも自殺潜在能力が高いことは一目瞭然です。これを裏付けるように，一般に男性は女性よりもより致死的な方法で自殺企図を行うことが知られています。そのため，自殺企図は女性の方が大いにもかかわらず，自殺死亡は男性の方が多くなります。

　また，所属感の減弱（孤独感の強さ）という点でも，一般に男性は女性よりも対人関係を築く能力が十分に鍛えられていないことが多く，孤立しがちです。その背景には，男はかくあるべし（例：人前で泣いてはいけない，弱音を吐いてはいけない）というジェンダー・ステレオタイプの影響もあるかもしれません。こうした男性に期待されるジェンダー・ステレオタイプは，男性の援助要請行動（Help-seeking behavior，援助希求行動とも訳されます）を抑制します。援助要請行動とは，文字通り援助を要請する行動ですから，他者に助けを求めることだと考えて下さい。つまり，死にたくなった時に誰かに話を聞いてもらう，相談にのってもらうといった行動は，援助要請行動と言うことができます。人前で弱音を吐かずにマッチョでいることが求められれば，死にたくなっても助けが求められないのは当然のことだと思われます。

　社会・経済的な変動を引き起こすイベントが男性の自殺率に強いインパクトを与えるという点についても，自殺の対人関係理論で綺麗に説明をすることができます。97〜98年の時のように，経済的な破綻が起きると，職を失った男性が大量に出現しますが，一家の稼ぎ手としての役割を期待される男性は，その役割が果たせなくなると同時に，負担感の知覚が高まることになります。男女共同参画が進んできた側面はあるものの，現在の日本ではまだまだ，男性が稼ぎの中心となることも多いことから，こうした点の影響力は大きいものと思われます。

▎自殺率はなぜ減っているのですか？

　1998年にはじまる第三次自殺急増期以降，自殺問題が深刻化の一途をたどっているというような曖昧な認識を持つ人が多くなっているように思います。実際には，少なくとも表向きの自殺率は低下をしてきているわけですから，自殺問題が深刻化しているという認識は，必ずしも正しくはありません。

　一方で，最近では，自殺に関する取材をされているメディア関係者から，「先生，自殺率はなぜ減っているのですか？」「自殺対策がうまくいっているということですか？」「それとも，アベノミクスの成果でしょうか？」といった質問を受けることが増えてきたように思います。確かに，自殺率の数字そのものは自殺対策基本法が成立した後から減って来ているわけですから，そのような質問をしたくなる気持ちは分かります。

　「先生，自殺率はなぜ減っているのですか？」と質問をされると，私は少し面倒くさいなと思いながら，使える時間を確認することになります。そもそも自殺率が減っているという認識が正しいのか疑わしいことはすでに述べた通りです。増え続けている原因不明の死とされるものがどのような死なのかは誰も確認していません。

　その上で，仮に自殺率が減っているということが正しいとしても，それが何ゆえに起きていることなのかは明確には分かりません。行政に関わる人たちの前であれば，リップサービスで自殺対策が上手くいっているのかもしれない，くらいのことは言うかもしれませんが，基本的にこのような時系列の変化を科学的に考えてまともに説明する術はありません。

　またそもそも，98年以降の第三次自殺急増期には「自殺者3万人時代，未曽有の事態！」などと随分な言われようをしましたが，自殺者数は国全体の人口が増えれば増加するのは当たり前であり，数だけを見るのは問題があります。自殺年齢調整死亡率を見れば，戦後すぐの時期にも，同程度の自殺率だったことがあることは明らかであり，日本の自殺率は15〜25人／10万人をいったりきたりしていることも分かります。仮にこのまま自殺率が減少を続け15人／10万人の水準を切る状態がしばらく続けば，それは少なくとも戦後これまでには見られなかった事態であり，自殺対策の効果が出てきたと考えてもおかしくはないかと思います。

▎若者の自殺が深刻化しているのはなぜですか？

　この質問も最近よく受ける質問の一つです。自殺率全体は低下しているもの
の，若者の自殺問題は深刻化しているという認識を持っている人は多数います。
近年では40歳以下の者の死亡原因の第一は自殺が占めており，不慮の事故や
悪性新生物（がん）よりも多くなっていますので，そうした認識を持ちやすい
のかもしれません。

　「深刻化」という表現は便利な表現ですが，便利で簡単なものは，時に現実
を覆い隠す役割も果たすため，注意が必要です。「若者」という言葉がどこま
での年齢層を指しているのかは使う人によってやや異なりますが，ここでは仮
に20〜30代ということにしましょう[35]。

　図9を見れば明らかなように，やはり若者の自殺率そのものが2009年頃か
ら下がってきています。ただし，40代以上の世代が，98年の第三次自殺急増
期以前の水準の自殺率にまで下がってきているのに対し，20〜30代の自殺率
は98年以前より高いままなので，自殺率の戻りが鈍いことは確かです。

　むしろ，ここに見られる顕著な特徴は，自殺率の世代間差が劇的に縮小して
いるということです。つまり，若年層の自殺問題が悪化しているというよりは，
自殺死亡率の世代間差が小さくなってきているため，若者の自殺の問題の重要
性が相対的にあがってきていると考えるべきだということです。

　戦後すぐの高齢者（65歳以上）の自殺率はゆうに60人／10万人を越えてい
ました。75歳以上に限れば，100人／10万人前後です。ですから，日本社会
は自殺率の世代間差がより小さくなるように，つまり，一般に自殺率が高い高
齢者への福祉が充実するように舵が切られ続けてきたと自殺統計からは見るこ
とができます。その是非は，心理学的・精神医学的な知識をいくらつけたとこ
ろで論じることはできません。自殺対策の目的，この社会がどうあるべきかと
いう価値観に関わる問題だからです。

　自殺対策を行うにあたっての価値観を形成するための哲学的・経済的基盤に

▼35──10代以下の子どもの自殺は一つ一つが非常に重要な問題ではあるものの，発生件数がとて
　　も少ないため，数字の上ではほとんど横ばいとなっています（図9参照）。

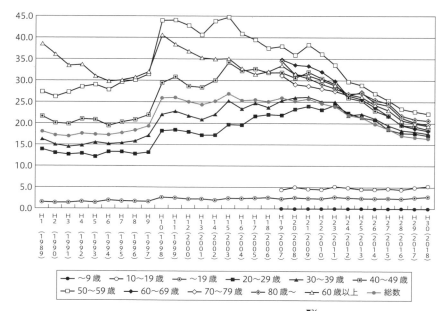

図 9　年齢階級別の自殺死亡率の推移[36]

ついては，第Ⅱ部で集中的に扱います。そのため，皆さんがどう考えるかは第
Ⅱ部を読んでから決めていただきたいのですが……まずは端的に，やはり人は
人である以前にヒトであり，動物としての法則から免れることはできません。
子ども・若者をことさら特別視する必要はないという意見もあるかもしれませ
んが，まだほとんどが結婚もしていない20代と，子育ても終わったであろう
60代の自殺率がさして変わらない社会の未来とはどのようなものか，そのよう
なコミュニティがサステイナブルかという点については考える必要があると
思っています。

▼36――データソースは，平成31年版自殺対策白書（人口動態統計より作成）

その他の人口統計学的要因
婚姻状態・職業

　少し話がそれた部分もありますが，ここまで性別や年齢といった基礎的な人口統計学的要因が自殺に与える影響について見てきました。その他，自殺統計でよく取り上げられる点について簡単に説明を追加しておきます。

　自殺と職業との関連は明確で，無職であることは自殺のリスクとなります。無職者といっても色々な状態がありますが，その内訳を見ると，「その他の無職者」，「年金・雇用保険等生活者」，「主婦」，「失業者」の順に自殺者数は減っていきます。無職であることが自殺の生起に及ぼす影響は特に男性において顕著であり，生産年齢にあたる世代における男性無職者の自殺率は100〜200人／10万人と一般人口の数倍から10倍程度になります。女性ではこのような傾向は見られません。

　また，婚姻関係と自殺の関係も明確です。死別・離別を経験した者の自殺のリスクは大きく上昇し，未婚であることも自殺のリスクを高めます。未婚，死別，離別が自殺に与える影響は特に男性において顕著です。2019年の自殺対策白書によると，男性有配偶者の自殺率が17.8人／10万人であるのに対し，未婚者は33.4人／10万人，死別者は53.3人／10万人，離別者は109.3人／10万人になります。一方，女性有配偶者の自殺率は，7.9人／10万人，未婚者は11.7人／10万人，死別者は14.9人／10万人，離別者は25.8人／10万人になります。男性は離婚をすると自殺のリスクが6.1倍になるのに対し，女性は3.3倍にしかなりません。つまり，男性が妻を失う場合にうける負の影響は，女性が夫を失った場合よりも大きいということです。私も含め，世の男性は十分に注意をして妻を大事にする必要があります。

自殺と地域の関連

　日本における自殺の現状を総覧するにあたって，最後に，自殺と地域特性との関連を挙げておきます。

　世界的に見ても同様ですが，全体としては寒い北の地方では自殺率が高く，南の温暖な地域では自殺率が低くなっています。実際，天候と自殺の間には関

連が指摘されており，日照時間が短くなるほど自殺率が高くなります。そのメカニズムは必ずしも明確ではありませんが，日照時間がうつ病の発症や気分に影響を与えるからだという指摘もあります。ただし，これは十分に実証された知見ではなく，今後も継続的に検討されていくべき事項です。

　日本における地域特性と自殺との関係についての研究を見ると，[37]自殺の少ない地域は，傾斜が弱く，可住地人口密度が高く，沿岸部（太平洋側・瀬戸内海）といった特徴があったといいます。つまり，平坦で人口が多い太平洋側や瀬戸内海沿岸は自殺率が低く，山間の地域や日本海側では自殺率が高くなるということです。

　さらに，日照時間と積雪も自殺率との関連が見られました。日照時間が長く，積雪が少ないほど自殺率が低くなるということです。山間であったり，雪が降る地域では，何か他者の支援が必要であったり，病院に行く必要がある時にも，そこまで行く際のコストが大きくなります。また，そもそも人口が少ないため，そうした社会資源に乏しいという点も自殺率の高さに影響を与えると考えられています。

▌自殺の危険因子一覧

　最後に，ここまで取り上げた要因も含め，WHOが挙げている自殺の危険因子の一覧を示しておきたいと思います（表4）。こうした要素を持った人々の自殺率は，そうでない人々に比べて高くなります。

　これを見ると，個人的な要因のみならず，かなり多様な要因が自殺の生起と関連していることが理解できるかと思います。ここまでに説明をしてきていないものについて，簡単に，それがなぜ自殺を引き起こすことにつながるのかを説明しておきます。

　ヘルスケアへのアクセス障壁の高さは，自殺につながります。これは，自殺と地域の関連でも述べた通りです。助けを求めづらくすることは，人と人とのつながりを断ち切ることにつながるからです。スティグマや差別の存在も同様です。

---

[37] ―――岡檀（2013）生き心地の良い町：この自殺率の低さには理由がある．講談社．

表4　自殺の危険因子一覧[38]

保健医療システム	ヘルスケアへのアクセスの障壁
社会	自殺方法への容易なアクセス
	不適切なメディア報道
	スティグマ（による援助希求行動の低下）
地域	災害，戦争，紛争
	異文化への不適応，差別
人間関係	孤立および社会的支援の不足
	人間関係の葛藤，不和，喪失
個人	過去の自殺企図
	精神障害（うつ病，アルコール依存，統合失調症等）
	失業，経済的損失
	絶望
	慢性疼痛
	家族の自殺
	遺伝

　自殺方法への容易なアクセスは自殺の可能性を高めます。人は基本的に自殺をする時に何らかの道具を使います（例：縊首におけるロープ，飛び込みにおける電車）。道具を使わずに自分の力だけで死を引き起こすことは相当に困難です。これはすなわち，自殺の対人関係理論における自殺潜在能力を自殺に使う道具が補っていることを意味します。そのため，自殺に使うことができる道具が近くにあり，すぐに使えれば自殺の可能性が高まります。これは物理的な意味でもそうですが，認知的な意味でもそうです。そのために，自殺方法に関する内容を含むメディア報道は自殺の可能性を高めます。日本では，2008年に硫化水素による自殺が爆発的に増加しました。[39]これは，テレビを中心としたメディアが硫化水素という自殺に使える道具へのアクセスを認知的に容易にし

▼38—— 以下の文献を参考に，筆者作成。WHO（2014）Preventing suicide: A global imperative. Stylus Publishing. https://www.who.int/mental_health/suicide-prevention/world_report_2014/en/

▼39—— この年のみ，硫化水素による自殺者数は年間で1,000人を越えました。

たためです。慢性疼痛はストレッサーとなることで自殺を引き起こしますが，もしかすると，痛みに対する耐性がつくことで，自殺を容易にするという側面もあるのかもしれません。過去の自殺企図歴が自殺のリスクとなるのも同様の理由です。過去の自殺企図が練習となり，自殺潜在能力が高まるからです。過去の自殺企図は将来の自殺を予測するための最も重要な要因です。

　災害，戦争，紛争は少し注意が必要です。もちろん，どのような災害なのかにもよりますが，災害・戦争・紛争は一時的／短期的に自殺率を下げます。[40] これはおそらく（災害や戦争から）生き残った人々を団結させ，孤独感を低減するからです。戦争の場合は，ナショナリズムが高揚することもあるかもしれません。実際，オリンピックやサッカーのワールドカップの期間の自殺は少なくなります。図8を見ればわかるように，戦中は自殺率も低くなっています。これは日本だけではなく，第二次世界大戦に巻き込まれていたどの国でも同様です。しかし，喪失は一時的な気分の高揚・孤独感の減少の後にやってきます。災害や戦争による一時的な気分の高揚の後，現実に喪ったものに直面する時間ができた時こそ，自殺のリスクが高まるようです。ですので，災害，戦争，紛争の影響は，長期的に見ていかなければなりません。

　家族の自殺も自殺につながる要因です。これは，遺伝的な意味でもそうですが，家族が亡くなることによって孤独になるという意味でも自殺のリスクとなります。自死遺族のケアをすることは，将来の自殺予防につながるということです。

▌自殺と精神障害の関係

　表1にもあるように，精神障害は自殺の重大な危険因子です。その中でも，うつ病，アルコール使用障害，統合失調症などは特に自殺と関連が深い精神障害です。

　うつ病は抑うつ気分や興味・喜びの喪失を中核症状とする精神障害です。う

▼40——Kõlves, K., Kõlves, K. E., & De Leo, D. (2013) Natural disasters and suicidal behaviours: A systematic literature review. *Journal of Affective Disorders*, 146 (1), 1-14.

つ病では，抑うつ的な気分や興味・喜びの消失といった状態がしばらく続き，食欲・体重が減少したり，不眠に陥ったり，疲れやすさやイライラ感が出てきます。さらに，自分が無価値だと感じられるようになってきて，自殺念慮や自殺企図が起こることも稀ではありません。比較的身近な精神障害であり，生涯有病率は欧米で3〜16％，日本でも3〜7％程度となっています。診断基準の一部に死に関する反復的な思考や自殺の計画をたてることが入っていることからも，自殺との関連は明白です。薬物療法や認知・行動療法等の心理療法が有効な治療法です。

　アルコール使用障害／アルコール依存は，人生においてアルコールを上手に使えていない状態と言えます（アルコールを渇望し，問題を起こすなど）。アルコールは飲み続けると耐性ができ，次第に飲酒量が増えていきますが，アルコール依存の場合，何らかの問題が生じた際に飲酒をやめようとすると，手の震えや発汗といったいわゆる離脱症状が出てきて飲酒をしなければそれがおさまらなくなります。そのためアルコールがやめられず，また問題を起こしてしまうという悪循環に巻き込まれてしまう状態が生じます。

　統合失調症は幻覚や妄想といった症状が特徴的な精神障害です。幻覚や妄想といった陽性症状がおさまると，感情表出の減少や意欲欠如を中核とする陰性症状が出てくることが多くなります。陽性症状とは本来ないものがある（幻覚・妄想）ように感じるという状態のことを指しており，陰性症状とは本来あるべきものがない（感情や意欲）という意味です。ネガティブで破滅的なイメージを持っている人もいますが，生涯有病率は1％弱と決して珍しい病気ではなく，服薬と心理・社会的な支援によって回復できる場合もあります。

　各精神障害がどのようにして自殺のリスクを上げることにつながるかは様々ですが，自殺の対人関係理論を使うと整理することもできます。例えば，どの精神障害であってもそうですが，病気によって他者の負担になっているという知覚が強くなれば，それは死にたいという思いを形作っていきます。また，発病の影響によって孤独な状況に追い込まれることも想定されます。アルコール依存であれば，アルコールの作用によって自殺潜在能力が上がることもあると考えられます（例：恐怖心の低下）。

▍自殺と精神障害の関係を考える上での留意事項

　精神障害は自殺の主要な危険因子とされていますが，一方で，こうした考え方には一定の限界・留意事項もあります。

　これまで，精神障害と自殺の関係を明らかにするために，心理学的剖検調査という研究が行われてきました。心理学的剖検調査とは，自殺によって遺された遺族や生前故人と親しかった人にインタビューを実施して，故人の自殺の直前の状態を知ろうとする調査のことです。[41]調査では，故人の基本的属性情報にはじまり，死亡原因や方法，故人の生活史，生前のライフスタイル，故人の性格やストレス対処のパターンといった情報が系統的に収集されていきます。心理学的剖検調査は日本を含め世界各国で実施されており，多数の研究報告があります。その結果を見ると，欧米圏では自殺者の約9割が精神障害の診断がつく状態であったと判断されており，つけられる診断は，うつ病やアルコール依存，統合失調症といったものが多くなります。

　その一方で，日本を含めたアジア圏ではその割合は下がり，6～7割程度に診断がつくという結果になっています。交通事故死亡など他の死因によって亡くなった方の遺族に同様の手法で調査を実施すると3割程度のケースに診断がつくという結果があることから，確かに自殺と精神障害との間には関連があるといえそうです。

　しかし，心理学的剖検調査にはいくつか注意すべき点があります。第一に，この調査は遺族や生前故人と親しかった人への聞き取りによってなされているものであり，亡くなった人への記憶を頼りにしています。人間の記憶はデジタルデータとして保存されているものではなく，想起されるたびにその内容が書き換えられていくようなあやふやなものです（例：一カ月前の自分の父親の様子を思い出せますか？）。自殺という強烈な体験の前のことを人間はどれだけ正確に覚えていられるでしょうか。また，遺族がいない人々のことはインタビューができないので，そもそも分かりません。さらに，ここでは，発達障害

▼41──心理学的剖検調査の実際については，以下の文献が参考になります。張賢徳（2006）人はなぜ自殺をするのか──心理学的剖検調査から見えてくるもの．勉誠出版．

などが含まれていませんが，その背景には，心理学的剖検調査が精力的に実施された時期に，まだ発達障害の概念そのものが未発達であったという背景もあります。このような限界を踏まえた上で，調査の結果は解釈しなければなりません。

また，第4章で詳述しますが，ヨーロッパ中世における「狂気（非理性）」の概念は（もちろん，現代の精神障害の概念とイコールではないのですが），自殺者を犯罪者と認定することから守るために用いられていました[42]。北米やヨーロッパの心理学的剖検調査では，アジアに比べて精神疾患だったと推測される者の割合が高いということを紹介しましたが，その理由の一端はこの辺りにあるのかもしれません。つまり，自殺を禁止する意識の強い文化圏においては，自殺によって非難されないために自殺者は精神障害者である必要がある，ということです。これは私の仮説であり，歴史的にこうなったことを実証するのは難しいのですが，このような考え方もあり得るのではないかと思っています[43]。

▌自殺の対人関係理論から危険因子を理解する

自殺という現象を理解するにあたり，自殺率などに関する細かい数字を覚えることに意味はありません。どのような要素がなぜ危険因子となりうるのかということを理論的に理解することがより重要になります。

例えば，無職であることが自殺のリスクを高めるのは，第一に，職がなく稼げないことが負担感の知覚を高めるからでしょう。また，職場を失えば，職場の同僚，上司，後輩，取引先といった人間関係も失うことになりますので，所属感の減弱が高まることになります。もちろん，無職のカテゴリには多様な人

▼42——ある種の通常とは異なる心理状態を自殺企図の直前に仮定することによって，自殺予防行為を正当化したり，自殺者を免責することは人間社会において伝統的に行われてきたことです。そしてこれはもちろん中世ヨーロッパに特有に見られるものではありません。現代日本における過労自殺裁判の法理にも類似の論理がうかがえます。詳細は，以下の文献を参照してください：貞包英之・元森絵里子・野上元（2016）自殺の歴史社会学：「意志」のゆくえ．青弓社．

▼43——もちろん，例えば，遺伝子等の生物学的な要因によって規定される精神障害が自殺の生起に与える影響が文化間で異なる可能性もあります。自殺を理解するには，多様な視点を持つことが重要です。

が含まれますので（失職者から利子生活者まで），これに当てはまらない人も
いますが，おおまかな理解はこれで良いでしょう。

　婚姻状況と自殺の関係はどうでしょうか。有配偶状態にある人の自殺のリス
クは最も低く，未婚，死別，離別，の順に高くなっていきます。有配偶である
ことは，所属感の減弱を弱めることになりますから，自殺のリスクを低めるこ
とになります。若年世代では，死別の方が離別よりも自殺のリスクを高めるこ
ともありますので，必ずしも離別の方が自殺のリスクを高めるとは限りません
が，[44] いずれにせよ，有配偶状態よりも孤独であることには変わりません。

　死別や離別のインパクトが女性よりも男性において顕著であることもおそら
くは自殺の対人関係理論から理解できます。一般に，男性は女性に比べて持て
る対人サポート資源のネットワークが少ない傾向にあります。[45] 対人資源ネット
ワークに占める配偶者の割合が男性では女性よりも高いと言ってもいいかもし
れません。そのため，離別や死別で配偶者を失った際に，どの程度孤立化して
しまうのかが男性と女性とでは異なることになります。それ故に，死別・離別
のインパクトが男性において特に大きいと考えられます。

▌自殺と自傷

　自傷行為も自殺の危険因子となります。一般に自傷行為と言うと，多くの人
はリストカット（手首への自己切傷）を思い浮かべますが，自傷行為には，自
己裂傷（皮膚を引き裂く，ひっかく），自己刺傷（鋭いもので突き刺す），自己
火傷（やけど），自己殴打（殴る，ヘッドバンキング），自己咬創（咬む）といっ
た非常に多様なものが見受けられます。[46] もちろん，こうした自傷行為で死亡す
ることは非常に稀です。そもそも，自殺方法を見ても，刃物を使って亡くなっ

▼44━━年齢が高いほど，死別よりも離別の方が自殺のリスクを高めるようです。これは，高齢で
　　　の死別には致し方ない面があると諦められる部分があるからかもしれません。
▼45━━こうした現象がなぜ起こるのかについては定かではありませんが，思春期・青年期の女性
　　　が形成するチャム・グループこそが，生涯における女性の孤独感を低めるスキル形成の場
　　　として機能しており，それが男女の自殺率の差につながっているという指摘もあります。
　　　この問題については，以下の文献が参考になります。Joiner, T.（2011）Lonely at the top:
　　　The high cost of men's success. New York, NY: Palgrave Macmillan.

た人は全体の数％であり，こうした人々は身体の中心部を傷つけています。腕のような身体の中心から遠い部分を傷つけたところで，ほとんどの場合，人は死なないということです。

　それでは，なぜ自傷行為は自殺の危険因子となるのでしょうか。

　自傷行為は，通常，苦しみや不快感情への（孤独な）対処を目的として行われています。[47] 勘違いをしている人が多いのですが，自傷行為は必ずしも他者へのかまって欲しいというアピールとして行われているわけではありません。もちろん，周囲へのメッセージ（苦しみの身体的表現）や周囲のコントロールを目的として行われているものもありますが。統計的には，苦しみや不快感情への対処として行われている場合が最も多いものです。我々が，自傷行為をかまって欲しいというサインだと解釈してしまうのは，そのような場合のみ自傷行為が我々の目に見える形に晒されるからであり（例：ツイッターに投稿された自傷画像），多くの自傷行為はこっそり・ひっそりと誰の目にも付かずに行われています。

　自傷行為はストレスに晒された際に，そのストレスへの対処行動として行われます。よく，「身体の痛みで心の痛みに蓋をする」などと表現されますが，身体に痛みを与えると，その痛みを抑えるためにエンケファリンなどの脳内麻薬が分泌され，それによって身体だけではなく心理的な辛さ／痛みも低減されるようです。しかしながら，これは万能ではなく，耐性がついていきます。段々と慣れが生じるため，同じ大きさ・深さの傷では心の痛みを抑えるのに足りなくなり，より大きくて深い傷を身体につける必要が生じるため，自傷行為は次第にエスカレートしていきます。こうして自殺潜在能力（自らの身体にダメージを与える能力）が高まっていきます。

　また，周囲の人間にも段々と耐性がついていきます。最初は小さな傷で心配をしてくれた親や友人も，次第にその状態に慣れていき，最終的には「またか」

▼46——ピアス，刺青（タトゥー），根性焼き，指詰めのように文化・習俗となっている身体毀損もあります。ただし，例えば，ストレスフルな状況に遭遇するたびにピアスの穴が増えていくような人の場合，それはファッション（文化・習俗としてのピアス）というよりは，ここでいう自傷行為のように，ストレス・コーピングとしてなされていった方が適切な場合もあるようです。

▼47——松本俊彦（2014）自傷・自殺する子どもたち．合同出版．

と愛想をつかして離れていくかもしれません。こうなると所属感の減弱が生じます。

　自傷行為そのものは，死ぬようなものではありませんし，多くの場合，自傷行為を行う本人も死ぬことを目的としてやっているわけではありません。むしろ，ストレスフルな状況をなんとか生き抜くために，孤独にストレスへ対処するために行っていることです。しかしながら，それは，習慣化し，徐々にエスカレートすることで自殺潜在能力を高め，孤独に追いやることで自殺のリスクを高めるものとなっていきます。

▌倒錯／60秒ルール／遅延時間割引

　この三つの言葉を並べただけでは何のことを言われているのか分からないかもしれませんが，[48] これらの専門用語は全て同じ現象を指して使われています。それはつまり，我々は目の前の快感に影響されやすく，それが遠い将来においてどういう効果を持つのかが分かっていても，遠い将来のことが今の行動に及ぼす影響は少ないということです。

　例えば，中学生や高校生の時に，英単語を覚えるために，英単語カードを作った経験がある人は多いと思います。英単語を覚えてテストで良い点数をとることが本来の目的だったはずですが（それも実際には本来の目的ではなく，英語を使ってより良い人生を送ることこそが，もっと重要な目的ですが），カードの表に英単語を書き，裏に日本語訳を書き，きれいな英単語カードができあがったことで満足をしてしまい，結局作ったカードをそんなに使わなかったということはないでしょうか。我々は，奇麗な英単語カードを作るだけでは英単語を覚えません（そんなに記憶力のいい人は，そもそも英単語カードを作ろうと考えないでしょう）。カードを使って繰り返し記憶をして，単語を覚えることによってようやくテストの点はあがるというのに……。

　目の前の小さな快感（カードが完成した達成感）に反応し，それを重視する

▼48―――倒錯は精神分析，60秒ルールは行動分析学，遅延時間割引は行動経済学の分野で使われる
　　　　用語です。

あまりに本来の目的（テストの点をあげる，英語が喋れるようになる）を忘れて倒錯を起こすというのは，人間にとって実によくあるパターンです。もちろん，目の前のニンジンに鋭く反応することは，昔の社会（特に，食料の保存技術が十分に発達していない時代）では適応的だったでしょうが，現代においては弊害となることも多いものです。

　自傷行為も同様です。自傷行為は本来，生きるために行われますが，次第にそれがエスカレートしていき，自分ではコントロールできなくなります。本来の目的であるより良い生を送るために用いられはじめていたものが，気づけば自らの命を縮める方向で作用してしまいます。我々は容易に倒錯にはまり込んでしまいますから，それがなぜ起きるのかをしっかりと理解して，少しずつその倒錯に落ち込まないように環境を整えていかなければなりません。

▌まとめ
自殺は予測できるのか？

　こうした自殺の危険因子と呼ばれる要因は自殺の発生と関わっています。しかし，自殺の危険因子と言われているものの意味とその限界については慎重に理解しなければなりません。例えば，目の前に「死にたい」と言っている人がいたとして，あなたはその人がどの程度死ぬ可能性があるのかを知りたいとしましょう。その際には当然，「死にたい」と言っている人がどの程度上述の危険因子を有しているのかを探ることになります。基本的に，多くの要因を持っていればそれだけリスクが高いと判断できますし，死にたいと言っていたとしても，上記の要因にほとんど当てはまる点がなければ，自殺の可能性はそれほど高くないと判断するのが妥当です。

　特に重要なことは，自殺潜在能力の高さに関わる項目です。例えば，過去に自殺企図を繰り返しており，その方法が段々と重篤になっているなどといった情報があれば，自殺の危険性は非常に高いと考えられます。なぜこの項目が大事かと言うと，仮に自殺念慮が非常に強くなったとしても，死ななければやり直しがきくからです。死んだ人間を生き返らせる方法はありませんが，仮に困難な状況におかれ死にたい気持ちが物凄く強かったとしても，死ななければどうにかする方法を一緒に考えることはできます。だからこそ，自殺潜在能力が

高いのか（死に切ってしまう可能性があるのか）を第一に十分に評価する必要があります。

　それでは多くの要因を持っていて自殺の危険性が高いと判断したとして，その判断にはどういう意味があるのでしょうか。自殺の危険因子とは，そういう状態の人はそうでない人と比較して，最終的に死ぬ際に自殺という形態で死ぬ可能性が高い，という程度の意味です。残念なことに，自殺の危険因子を持っているからといって，いついつまでに自殺をする，といったことが分かるわけではないのです。

　しかし，我々が本当に知りたい情報は，おそらくはここ一カ月以内にこの人を入院させていつでも誰かの目が届くようにしておけなければ，何かのきっかけで自殺してしまう確率といったことのはずです。何歳まで生きるかは分からないが，最終的に自殺で死にそうかどうか，といったことが知りたい状況はほとんどないでしょう。そんな情報を知ったところで，手のうちようがないからです（仮に自殺を予防しようと考えたとしても，生涯にわたってその人が自殺をしないように誰かが監視をしているなんてことは不可能です）。

　つまり，ごく短期的な意味で（例：この一週間）自殺の発生を正確に予測する方法は今のところ存在しないということです。危険因子を明らかにし，理論を構築することは我々が自殺という複雑な現象を理解することに大きく役立ちます。しかし，短期的に自殺の発生を予測するといったことは，現状では不可能です。

　分かっていることを過大評価することは，結果として自殺対策の方向性を誤らせることにつながるので，要注意です。例えば，私は所属大学でも学生相談に関わる領域で仕事をしており，学生の自殺を予防する立場にあります。熱心な教員の中には，学生の安全を第一に考え，「死にたい」などと言っている学生は，きちんと入院させ，自殺の危険性がなくなってから，通学許可を出すべきだ，などと言う人がいます。安全を第一に考えることは理解できる一方で，そもそも自殺の危険性がどうやって判断されているのかという現状をきちんと理解しなければ，自殺予防は容易に権利の侵害（この場合は，教育を受ける権利）につながりかねません。自殺が発生する可能性を正確に見積もることなどできませんので，ゼロリスクを確認することを目標にすると，予防をしたい（学生を大事に育てたい）という熱意とは裏腹に何もできなくなってしまいます。

　専門家が「分からない」「できない」と言うことは心苦しくはあるのですが，自殺については，表1にある要素がその発生可能性を高めることが分かっているだけであり，それは，特定個人の短期的な自殺を予測する水準に達していません。個人差もあります。分からないことやできないことを正確に知らなければ，何かが分かったことにはならないとはこのような意味です。

第II部

自殺は予防すべきか

第**4**章

宗教・文化

日本は自殺許容的か？

．．．

▌「先生，自殺は予防すべきものでしょうか？」

　もう10年以上前になりますが，日本自殺予防学会でとあるシンポジウムが開かれました。筆者はそこにシンポジストとして参加をし，登壇していました。日本自殺予防学会という学会は学会員のみならず，一般の方も学会に参加することが可能な形態をとっている学会です。そのため，必ずしも研究者ではない方も参加されているのですが，フロアでシンポジウムを傍聴していた一般の方から，「登壇者の面々はなぜ自殺予防に関する研究しているのですか？　自殺は予防すべきものですか？」という質問が出たことがあります。

　この質問そのものはシンポジウムの内容とは一切関係のないものであり，登壇者が個人的な感情が多分に含まれる回答をしなくてはならなくなる可能性があるため，司会者がこの質問をなんらかの形で流すものと私は考えていました。しかし，予想に反して，司会者は偶然一番端の席に座っていた私を指名し，「先生，自殺は予防すべきものでしょうか？」と質問への回答を促しました。[49]

　私は，予想をしていなかった質問をされたこともあるのですが，しどろもどろになってしまい，まともな答えを返すことができませんでした。しばらく，考え込んだ後に，「結局，目の前にいる人に『死にたい』とか『もう死ぬ』と言われたら，とりあえず止めたくなるから。感情的な問題です」と答えました。こんな回答で良かったものかと随分と後悔をしました。この時のことは，こうして今でも思い出すことがあります。

----

[49]──ちなみに，この質問を投げかけてきた司会者は，当時，自殺予防総合対策センターという国の機関のセンター長でした……。今考えても，実に答えづらい状況です。

　同時に印象的だったのは，同じように「自殺は予防すべきか？」と問われた他の著名な研究者の方々が（少なくとも私にとっては）まともな回答をできていなかったことです。もちろん，時間制限があって十分な回答をできなかったとか，そのような理由もあるのかもしれませんが，私からしてみれば，このことは少なからず，ショッキングな出来事でした。日本自殺予防学会という学会名から分かることですが，そこに集う研究者にとってみれば，自殺を予防することは自明の前提であり，どうすれば予防すべきかについては論じることができても，そもそも予防すべきか否かは考えることがほとんどなかったというわけです。

　そのようなわけで，普通の自殺に関する書籍は，その構成は本書で言うところの第Ⅰ部と第Ⅲ部から構成されます。つまり，なぜ自殺は起こり，それがどうすれば防げるのか，という流れで書かれるのが一般的です。自殺を防ぐことが正しいことであることは自明とされ，自殺の是非や自殺予防の是非について論じられることはありません。

　しかし，前書きにも記した通り，「自殺は悪いことであり，だからこそ予防すべきものである」という前提は必ずしも自明のものではなく，十分に考えるに値する重大な問題です。そこで，第Ⅱ部では，宗教・文化，哲学，経済といった様々な角度からこの問題について論じ，自殺の善悪や自殺が予防すべきものなのか否かという問いに対して私なりの答えを出します。もちろん，第Ⅱ部を通読した上で，私なりに出した結論に納得をしてもらえればそれに越したことはないのですが，この問題をじっくりと考え直してもらえるだけでも，十分に価値があると思っています。

▌自明の前提を忘れてみる

　「自殺は予防すべきか？」という問いを考える際に真っ先にやらなければならないことは，自明の前提を忘れることです。日本では，2006 年に自殺対策基本法という法律が制定されました。この法律によれば，国及び地方公共団体は，自殺対策を策定し，実施する責務を有します（第三条）。また，「国民は，生きることの包括的な支援としての自殺対策の重要性に関する理解と関心を深めるよう努めるものとする（第五条）」とも定められています。つまり，自殺

を予防することは自明のことであり，法律で定められた責務だということです。現代に生きる日本人にとって，これは法律で定められたことなのです。

　しかし，法律は人の作りしものであり，神が作ったものではありません。人の作ったものにはいいものもあれば，悪いものもあり，使い方によっては悲劇を引き起こすこともあります。絶対のものではないのです。

　我々は自分の知っていること，今目の前にある現実を当たり前のものだと思いがちです。世界というものはこのようにできていると思いがちです。しかし，実際にはそんなことはありません。自殺が予防すべきものとなったのは，歴史的に見ても，ごく最近のことであり，それは人類にとって当たり前のことではありません。

　自分が今生きている世界が自明のものではないこと，世界は違う姿でもあり得るのだということを肌で知るためには，やはり今生きている世界以外の世界を実際に眺めてみることが重要です。他の国の社会は，我々が知っているのとは違うように成立しています。その世界の人々は我々とは違う考え方をしており，違う前提を自明のものとして生きています。

　また，歴史を眺めることも重要です。同じ日本と呼ばれる地域であっても，その昔（まだ日本などという呼称が使われていない頃）には，まったく別の考え方をしていたということは往々にしてあり得ることです。違う地域や違う時代の価値観を知ることで，一度，自殺や自殺予防に関する考え方をリセットする（違う考え方もありうると知る）ことが，本章のとりあえずの目的です。

▎世界から見た日本の自殺

　まずは異なる地域の自殺や自殺観に目を向けてみたいと思います。図10は，2016年における世界各国の年齢調整自殺率を示したものです。ちなみに，WHOの推計によると，2016年の世界全体の自殺者数は約80万人，年齢調整自殺率は10.5人（／10万人）です。日本は世界で最も高齢化が進んでいる国であり，そのために自殺率が高くなる傾向がありますが，その影響を除いたとしても，世界的に見て自殺率が高いグループに入ることが分かります。G8の間で自殺率を比較しても，ロシアについで高い水準となっています。

　この図を見ると，世界的に見て自殺率が高いのは，日本や韓国などの東アジ

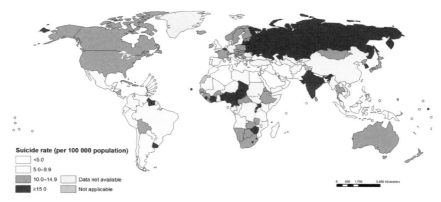

Suicide rate (per 100 000 population)
<5.0
5.0–9.9
10.0–14.9   Data not available
≥15.0   Not applicable

図10　世界の自殺率[50]

　ア，旧ソ連圏，インド，アフリカ諸国といったあたりだということが分かります。いわゆる先進国の自殺率はその他の国よりもやや高い傾向にありますが，それは，医療制度が整備され，自殺が生じるよりも早期の段階（おおむね小学生より前）における疾病死亡率が低くなるためだと推測されます。ただし，先進国の人口は世界人口の一部であり，世界の自殺の約4分の1を占めるに過ぎません。世界の自殺の約8割は，低・中所得国で生じていると推定されています。

　世界における自殺に関するデータを読む際には，国内のデータ以上に注意が必要です。このデータはあくまで推定値であり，WHOは加盟国のうち，推定にそのまま使用できる人口動態データがある国は3分の1に過ぎないとしています。例えば，アフリカのほとんどの国では人口動態登録がないため，十分に正確なデータは得られていません。中国・インドのように膨大な人口を抱えた国では，国民全員が登録されたデータベースはなく，抽出登録されたものであり，これも同様の問題を抱えています。

▼50 ── https://www.who.int/mental_health/suicide-prevention/Global_AS_suicide_rates_
　　　bothsexes_2016.png?ua=1

　また，こうしたデータは当然のことながら，時代に応じて変化するという点にも注意が必要です。10 年ほど前のデータであれば，日本は世界的に見ても最も自殺率の高い国の一角を占めていましたが，現在ではそうではありません。また，例えば，日本の自殺率が戦後の平均的な値を示している 1973 年のデータで比較を行うと日本の自殺率は 17.3 人／10 万人，西ドイツは 20.8 人／10 万人であり，西ドイツの方が高くなっています。この頃の各国の自殺率は，アメリカ 12.0 人／10 万人，カナダ 12.6 人／10 万人，イタリア 5.7 人／10 万人，イングランド・ウェールズ 7.8 人／10 万人，フランス 15.5 人／10 万人であり，現在の数値・印象とは異なります。我々がなんとなく思う，「日本は自殺率が高いのではないか？」という印象は，いつでも正しいというわけではないのです。

イスラム教の影響
自殺は宗教により抑制されるか

　宗教が自殺率の差を生み出すことは古くから指摘されてきたことです。先に示した図 10 を見ると，イスラム教徒の比率が高い地域（主に中東，北アフリカ，インドネシアやマレーシアなどの東南アジアの一部）の自殺率が低くなっていることが分かります。イスラム教の聖典であるコーラン（クルアーン，預言者ムハンマドへの神の啓示）やハディース（ムハンマドの言行録）において自殺が明確に禁止されていることが，イスラム教徒の比率が高い地域の低い自殺率の理由として挙げられることは多くあります。

　シャリーア（イスラム法）によって自殺企図が罰せられる国は現在，世界中に少なくとも十ほどあり，罰則の内容は小額の罰金から終身刑までと幅広く設定されています。このような国では，自殺企図をすると警察に逮捕されることになるわけですが，求刑等に関して法律がどのように運用されているのかは国によるようです。しかしいずれの場合であっても，自殺に対する偏見は強くなります。それは，自殺が法的な罰の対象だからです。

　このようなデータや現状をもとにイスラム教が，我々が「自殺」としてイメージするような形態の死を予防すると結論づけるのはいささか性急です。なぜならば，イスラム教圏の国々，特に中東では報告される自殺が少ない一方で，不慮か故意か決定されない事件およびその後遺症による死亡，とされる外因死が

多いという指摘がなされているからです。端的に言えば，刑罰を免れるため，自殺と報告しづらいような事象が曖昧な形で処理されているということです。仮に既遂・未遂自殺をした家族を見つけたとしても，それが刑罰の対象となるようなものであれば，自殺として報告がなされる確率は低くなることは容易に想像がつきます。

▌キリスト教における自殺のとらえ方の歴史

　キリスト教，特にローマ・カトリックの影響が強い地域においても同じような指摘をすることができます。ローマ・カトリックの影響が強い中南米の国の自殺率は低くなっていますが，こうした国々の不慮か故意か決定されない事件およびその後遺症による死亡の発生率は，欧米の先進諸国に比べて高くなっています。イスラム教ほど厳格ではないにせよ，キリスト教も伝統的に自殺を禁じてきた宗教であるため，このような事態が生じていると考えられます。

　ここで，キリスト教（セム的一神教）の自殺への影響を考えるため，その歴史を簡単に振り返っておきます。

　現在でこそキリスト教は自殺に優しい，自殺予防的な態度を持っているかのように思われることもありますが，それは日本におけるいのちの電話の源流となったサマリタンズの活動のせいかもしれません。サマリタンズの活動は，1953年にイギリスのチャド・バラー（Chad Varah）牧師によって始められたもので，日本におけるいのちの電話の活動の普及においても，キリスト教は大きな役割を果たしました。このあたりの流れは後述しますが，それまでのキリスト教は自殺を予防すべきものだと考えていたわけではありません。むしろ，自殺は（すでに見たイスラム教と同様）処罰の対象でした。

　ただし，初期（ローマ帝国に迫害されていた頃）のキリスト教教会は自殺を処罰の対象としていたわけではありません。キリスト教が自殺を禁止する方向へと傾くのは，ローマ帝国内でキリスト教が国教化されて以降のことです。つまり，マイノリティのための宗教から，支配の一翼（あるいは主翼）を担う宗教へと変貌を遂げる必要性に迫られて以降に自殺を禁止し始めたということです。[51]

　このようなキリスト教の自殺に対する態度変容の中心にいたのは，神学者ア

ウグスティヌス（354〜430年）です。アウグスティヌスは著書『神の国』の中で，モーゼの十戒の一つ「汝殺すなかれ」という殺人禁止の掟を他殺のみならず自殺にも当てはまると解釈し，自殺が禁止されることを導き，キリスト教世界における自殺への態度を方向づける重要な機能を果たしました。これを契機に，各公会議において自殺関連行動を行ったものへの宗教的罰則の強化が確認されていき，中世のキリスト教世界では自殺は宗教的罪となりました。

　アウグスティヌスの見解を発展・整理した13世紀の神学者トマス・アクィナスは，著書『神学大全』の中で，自殺が禁止される理由を3点挙げていますが，これらは，キリスト教世界における自殺禁止理由において一般的に見られる論理構成をとっています。それは，自殺は自然の摂理（人間は自然と自らを愛するはずである）に背いている，自殺は共同体を棄損する[52]，自殺は生命を与えた神への冒瀆である[53]，というものでした。余談ではありますが，キリスト教の神の所有物である人間の処遇を人間が決めることがおかしいという発想は，自殺の禁止を含め，死にまつわる様々な態度に影響を与えています。自殺・安楽死・中絶の禁止，死刑の廃止といったテーマの根幹に関わってくるものです。死生観の差異を理解するにあたり，宗教的素養は欠かすことのできないものとなっています。

　中世において教会権力が増大すると，教会法を市民法が追認するという現象が生じました。つまり，自殺が宗教上の罪だけではなく，民法・刑法上の罪となったということです。自殺者は犯罪者とされ，遺体は市中引き回し，串刺し，木の杭で心臓を打ち抜き十字路に埋葬といった罰を受けました。自殺者の財産

▼51——国教として統治の一翼を担っていたキリスト教は，自殺を禁止するに至るのですが，キリスト教はただ単に自殺を禁止したわけではありませんでした。というのは，この時期は修道院制度が発達した時期でもあったからです。修道院での宗教的共同生活は，自殺の危機に瀕するほど追い込まれた者のセーフティーネットになっていたのではないかという指摘があります。日本でも，源氏物語などで描かれることですが，中世には葛藤から逃れるための女性の出家というものがありました。このような宗教的な制度は，苦難に満ちた現実からの避難場所としての機能を果たしていた可能性があります。

▼52——共同体を棄損する行為であるために自殺が禁止されるという論法は，キリスト教誕生以前，古代ギリシャ（プラトン）以来の伝統のようです。

▼53——人間は神の創造物であり，つまり，神の所有物ですから，自らの命を神の許可なく奪う自殺を行うことは，神の人間に対する所有権の侵害ということになります。

表5　イギリスにおける自殺に関する法律の変遷[54]

1823年	教会への埋葬の許可，時間帯等の限定あり
1882年	通常の時間帯における儀式を伴う埋葬の許可
1870年	自殺者の財産没収の廃止
1879年	殺人の定義から自殺が除外（ただし，自殺未遂者は懲役2年の刑）
1961年	自殺に対する制裁としての法的罰則が完全に排除される

が没収されることが定められた場合もあったようです。

　イスラム教の項でも触れたように，自殺が法的な罪であることは珍しくありません。19世紀初頭頃まで世界中のほとんどの国には自殺や自殺企図に対する罰則を定めた法律が存在しました。むしろ，そのような状況が大きく変わってきたのは，ここ数世紀のことです。例えば，自殺に対する制裁としての法的罰則が完全に排除されたのが先進国の中で最も遅かったイギリスでは，1961年にようやく自殺が法的な罪ではなくなったのです（表5参照）。もう少し早いフランスでも18世紀終わりまでは自殺を罰するための法律が存在していました。

▌キリスト教の自殺予防的転回

　20世紀に入るとキリスト教にも変化が見られるようになりました。1907年には福音主義キリスト教のホーリネスの系統に属する救世軍が自殺防止部を設け，警察とも連携をしながら自殺予防活動をはじめました。また，カトリック教会が設置した社会奉仕機関カリタスは，1930年代に入ると自殺予防活動に取り組み始めました。自殺を禁じ，自殺を非難するのではなく，温かく受け入れる姿勢に変化してきたということです。

　キリスト教の影響のもとに始まり，20世紀に世界中に広まった自殺予防活

▼54——以下の文献を参考に筆者作成：ステュアート・ドナルド・ブレア・ピッケン（著），堀たお子（翻訳）（1979）日本人の自殺——西欧との比較．サイマル出版会．

動としては，電話による危機介入が挙げられます。このような活動の原型は，1953 年にイギリス国教会の牧師チャド・バラーによって始められたサマリタンズの活動にあります。この組織の名称は聖書の中に出てくる「善きサマリア人」の寓話からとられており，貧しく困窮した隣人を助ける慈悲にあふれた者を意味しています。つまり，自殺という困難にぶつかっている人に対する隣人愛の実践が行われているという意味です。この活動は国際的な広がりを見せ，1974 年には国際サマリタンズが設立され，現在は国際ビフレンダーズとなっています。

　ビフレンディング（befriending）とは，英語のスペルを見れば分かるように，本来友だちになるということを意味しており，転じて，人間としての共感と深い心の交わりを意味するようになりました。つまり，この対話技法の背景には，いわゆる専門的な心理療法や精神療法といったセラピーとは違い，人と人との深い共鳴や喜怒哀楽をともにすることによって達成される共感によって，自殺は防ぐことができるという考え方があります。このビフレンディングの考え方は，サマリタンズに限らず，現在ある多くのボランティアによる自殺予防活動の中核になっています。ビフレンディングという方法に本当に自殺を予防する効果があるのか，あるいは，実際に行われている電話やメールによる自殺への危機介入サービスに本当に効果があるのかどうか，という点については，研究デザインの構築の難しさもともない充分には明らかにされていないところがあります。しかし，半世紀以上もの長きにわたって，こうしたサービスが多くの人々の理解を得ながら世界中で発展し，なかなか電話がかからないほど活用されている（それはそれで問題なのですが）ことを考慮すると，ビフレンディングという考え方が重要であることに異論はないように思われます。

　以上見てきたように，キリスト教は自殺を禁止し，その影響は法的罰則の確立にまで及びました。しかし，その傾向はここ数世紀で変化してきており，20 世紀以降は自殺を予防する活動の原動力の一部にまでなっています。これを見れば，自殺に対する態度そのものが，同じ宗教内であったとしても，歴史的に大きく変化していることが理解できるかと思います。自殺に対する態度は，自明のものでも，凝り固まったものでもないのです。

▌日本文化は自殺許容的か

　長らく（一部では現代でも）自殺を処罰の対象としてきたセム的一神教的な死生観と比較をすると，日本的な文化は，自殺許容的といってもよい態度を有しているかもしれません。このことは，日本人以外の学者からも指摘されてきたことです。

　例えば，フランス人哲学者のスチュワート・ピッケンは，『日本人の自殺』の中で，日本文化と自殺との高い親和性を指摘していますが，その根拠は，日本語の語彙にあると言います。[55]

　一般に，その言語の中にある語彙は文化の特性を見る際の重要な指針となります。ある種の語彙の増加がその文化の中で見られるとすれば，その語彙で表現されるものはその文化の中で特別の地位を得ているはずであるということです。例えば，多くとも年に数回しか雪の降らない東京に住んでいる私にとって，雪は雪であり他の語彙による表現はなく，雪の種類を弁別することはできません（その必要がそもそもないからです）。しかし，雪国に住む人であれば，同じ雪を表現するにも多様な語彙を用います（例：粉雪，牡丹雪）。

　自殺にも同様の推論を当てはめれば，自殺について多様な語彙を有する言語を話す人々は自殺がよく生じる環境で生きていたであろうと考えられます。ヨーロッパ系の諸言語に精通していたピッケンは，ヨーロッパ系諸言語には自殺に関する語彙が少なく，評価的で侮蔑の意味を含むものが多いのに対し，日本語は，自殺に関する語彙が豊富で，侮蔑のような意味合いが込められておらず，客観的・描写的なものが多いと指摘しています。ピッケンの指摘する自殺を表現するとされる日本語の語彙の中には日本人の感覚からは違和感を覚えるものもありますが，「死花」「玉砕」のように自殺（意図的な行動による死）を美化さえするような言葉が日本語の中にあることも確かです。

　なお，ここまで見たようにキリスト教やイスラム教世界では自殺が禁止されていた時期があった一方で，日本においては自殺が法的に禁止されたことがな

▼55──ステュアート・ドナルド・ブレア・ピッケン（著），堀たお子（翻訳）（1979）日本人の自殺──西欧との比較．サイマル出版会．

いことから，日本は自殺許容的などと考えている人がいますが，これは事実の誤認です。日本においては，宗教的・倫理的な観点からではありませんが，単純に自殺が流行した直後に自殺の禁止令が出されたことが何度かあります。例えば，僧侶の自殺（捨身業）が流行していた834年には令義解が施行され，捨身が禁止されました。追い腹（主君の死後の後追い自殺）が流行した江戸時代（1663年）には殉死禁止令が出され，恋愛関係にある者の心中が相次いだ時期（1723年）には，心中による自殺未遂者，既遂者の遺体等への処罰を行うことが定められました。これらの決めごとにどれほどの実効性があったのかは不明ではありますが，禁止されたことがなかったとか，処罰の対象になったことがないというわけではありません（一時的なものであり，確固たる思想的背景があったわけではありませんが）。

▌日本における宗教・思想の影響

　（日本だけではなく）東アジア全体の比較的高い自殺率に影響を与える思想的要因には，仏教や儒教があります。東アジアの宗教にもとづく死生観は，セム的一神教と比較をすれば，自殺を禁止するなどといった要素が皆無といってよいと思います。

　仏教の世界観は輪廻転生です。この世界観によると，人は死んだのちに生まれ変わるわけですが，生まれ変わる先は生前の業などによって決定され，よく生きたものは上位の生物へ，業の深い者は下等な生き物へと転生します。生は苦であり，苦の輪から抜け出すこと（解脱）が仏教における生の目標となります。最後の審判後に天国あるいは地獄行きが決定されるといったキリスト教的世界観とは大きく異なります。

　このような世界観の中では，生と死のギャップが少なくなります。死は再生につながるからです。また，死は失われた無罪性を回復して再生の印となるため，無実の証明のために自殺をするといった行動が生じやすくなると考えられます。自らの無実や主義・主張を訴えるために命をかけるという行動は，こうした死生観を背景に成立しているわけです。

　即身成仏の思想や修行も自殺との関連も指摘されています。例えば，紀伊半島南部，那智の補陀落山寺の境内には，中世から近世にかけて行われた補陀落

渡海の記録が残されています。これは南方にある浄土（ポータラカ，サンスクリット語のPotalaka）に向けて航行することです。渡航者は小舟にいくらかの食糧を積むわけですが，当然死を覚悟して行うものです。これは，衆生を救うためにわが身を投げ捨てたブッダの行いを真似た修行です。このように仏教の世界観，思想には自殺を禁じる要素は少なく，どちらかといえば，死を促しそうですらあります。

　日本人の自殺観に影響を与える要因の二つ目として儒教を挙げておきます。儒教は，春秋時代の中国の思想家である孔子を始祖とする思考・信仰の体系です。日本よりも儒教的思想の強い韓国では近年急速に自殺率が高まっていますが，こうした思想が影響をしている可能性があります。

　儒教の教えは現世志向的であり，人間の生前や死後に関わることがらに関してほとんど言及されていません。そのため儒教の死生観への影響は明確ではなく，孔子の自殺への態度には相矛盾した内容が見えます。例えば，孔子は，自己破壊的行為は身体が親から与えられたものであるため，咎められるべきであるとしています。ピアスをあけた若者に対して，「親からもらった身体にそんなことをして」と怒る人の発想はここからきているわけです。つまり，自己の身体を棄損するような自傷行為（≒自殺）は行うべきではないということです。

　その一方で，孔子は，「身を殺して以て仁を成すこと有り」とも言っています。仁とは温かいこころのことを意味し，儒教において大切にされる五倫の関係（父子，君臣，夫婦，長幼，朋友）を保つために必要とされる五つの徳（仁・義・礼・智・信）の一つです。つまり，これは，他者や特定の集団のために自ら死を持って尽くすことを認めているということです。例えば，第二次大戦の末期に日本には神風特攻隊というものがあったわけですが，儒教的観点から言えば，親からいただいた命は大切でも，国や天皇のためにそれを捨てることは称賛されるべきということになります。特攻に限らず，集団のために自己犠牲的行為を行うことは現代においても珍しいことではありません。

　ここでとりあげた仏教や儒教的な考え方は我々にとって馴染みのあるものであり，強い違和感を持つ人は少ないと思います。そして，それらの要素の中には自殺を禁止するものはなく，どちらかと言えば自殺を誘発・許容しそうな内容が多いのも事実です。[56]

▌古事記に見る日本的自殺

　こうした自殺への思想は早くも古事記において見られるのではないかと私自身は考えています。古事記は日本最古の歴史書であり，712年に太安万侶が編纂したものです。神代の天地開闢から推古天皇の治世までの出来事が記載されています。この歴史書が作られた背景には，乙巳の変／大化の改新の混乱に伴う国記の消失と対外的圧力による中央集権的国家の権威を高める必要性があったと考えられます。つまり，当時の政権の正当性と権威を高めるために作られたものであり，その目的にかなった話が記載されているはずだと推論できるということです。

　古事記には私が読む限り少なくとも4件の自殺に関するエピソードがおさめられています。弟橘比売命（オトタチバナヒメノミコト）の義による自己犠牲的自殺[57]，忍熊皇子の権力闘争の敗戦後の自殺[58]，目弱王の変後の都夫良意富美（ツブラオホミ）[59]の自殺，木梨軽皇子（キナシノカルノミコ）と軽大娘皇女（カルノオオイツラメ）の恋愛心中[60]です。それらはいずれも，誤解を恐れずに言うならば，日本人の感覚的に美的自殺とも言えるような内容になっています。皇族のために自らの命を投げうつ様子，権力闘争（戦争）に敗れた後に潔く亡くなっ

▼56——ただし，こうした宗教や思想が自殺の生起にどの程度の影響力を有しているのか，また，どのようにして影響を及ぼすのかに関する科学的検討はほとんどなされていません。教義の内容が与える影響と，教義から導かれる生活形態が与える影響とは分けて考える必要があります。また，こうした宗教的・思想的影響が現代における日本の自殺率をも説明できるかは不明な部分もあります。私の知る限り，輪廻転生や即身成仏を信じている日本人は現代においてそれほど多くはないからです。

▼57——弟橘比売命を含む倭建命（ヤマトタケルノミコト）の一行は，東国遠征の際に，焼津で相武（サガム）国造（クニノミヤツコ）に火攻めにされるも，草薙剣によって難を逃れました（これが，焼津の語源です）。走水海に至った時（三浦半島から房総半島へわたる際に），海は荒れ狂い先に進むことが不可能になりましたが，焼津の恩を思い，弟橘比売命が自ら入水することで，海の神の怒りを鎮め，無事に海をわたることができたというエピソードです。

▼58——忍熊皇子（オシクマノオウジ）は古代日本の皇族で，第14代仲哀天皇の皇子です。応神天皇（15代天皇，忍熊皇子の異母兄弟）と皇位の継承をめぐり対立していました。誉田別尊（ホムタワケノミコト，後の第15代天皇である応神天皇）を神功皇后が出産後，皇位の移動を恐れ，皇后軍と対立しました。将軍，武振熊（タケフルクマノミコト）の策により追い込まれ，最終的に，五十狭茅宿禰（イサヒノスクネ）とともに入水自殺をしました。

ていく様子，禁断の愛を貫き心中をする様子は，おそらく，美しき／模範的な死のあり方の一つであり，我々のこころを打つ要素が含まれているように思います。それ故に，古事記にも収録されているのかもしれません。[61]

切腹
自殺？　処罰？　儀式？

切腹は，日本文化と自殺との関連の象徴のように扱われているものでもあり，触れないわけにはいかないテーマです。鎌倉初期の説話集『古事談』には988年に貴族による切腹が行われていたという記録があり，1222年の承久の乱の頃には介錯付きでの武士の切腹が行われていたようです。フランス人哲学者のモーリス・パンゲによると，[62]源義経を中心に描かれた軍記物語である『義経記』において切腹の作法が定式化されたといいます。つまり，切腹は遅くとも平安末期あたりから行われ，室町時代前期頃までには儀式化されていったということです。

切腹の定式化が進むと，それは制度的強制自殺，あるいは栄誉ある処罰として活用されることが増えてきます。例えば，羽柴秀吉に水攻めされた備中高松

▼59―――安康天皇は，目弱王の父・大日下王（オオクサカノミコト）を誅殺しています。その後，目弱王の母・長田大郎女（ナガタノオホイツラメ）は安康天皇の皇后になり，安康天皇と目弱王は近くで暮らすようになります。目弱王は安康天皇と母の会話から実父が安康天皇に殺されたことを知り，天皇を殺害しました（目弱王の変）。安康天皇殺害後，目弱王は都夫良意富美（ツブラオホミ）の家に逃げ込みます。しかし，大泊瀬皇子（後の第21代雄略天皇，安康天皇の同母弟）の兵に攻められ，都夫良意富美は目弱王の頼みで目弱王を殺害し，その後に自害しました。大泊瀬皇子はこの過程で政敵を一掃し，天皇となり，中央集権化が進みました。

▼60―――いわゆる衣通姫（ソトオリヒメ）伝説です。木梨軽皇子（キナシノカルノミコ）は，允恭天皇の第一皇子であり皇太子でした（後に廃太子）。同母妹の軽大娘皇女（カルノオオイツラメ）と情を通じていたのですが，近親相姦がバレて，支持者を失い，弟の穴穂皇子（アナホノミコ，後の安康天皇）が皇位を継承しました。伊予へ流された木梨軽皇子を軽大娘皇女が追ってきて，そこで，心中を果たします。

▼61―――なお，数件の自殺の記載から結論を導くことには慎重であるべきですが，古代の自殺には入水がその手段として用いられていることが多いことにも気づきます。現代の日本においては縊首が多く見られますが，これは必ずしも普遍的なことではないということです。

▼62―――モーリス・パンゲ（著），竹内信夫（翻訳）（2011）自死の日本史．講談社．

城主清水宗治の切腹（1582年）は，敗軍の将に対する栄誉ある処罰として機能しました。そのため，宗治の配下は宗治の死と引きかえに許されています。反対に，江戸幕府の転覆を狙った由井正雪の乱／慶安の変（1651年）では，首謀者は武士であったにもかかわらず切腹をすることは許されず，磔にされています。幕府の転覆は江戸幕府にとって重罪であり，首謀者の名誉を回復されては困るために切腹させるわけにはいかないという論理のようです。

　江戸時代には処罰として運用された切腹とは異なり，主君が没した後の殉死としての切腹も流行しました。きっかけは徳川家康の四男の松平忠吉の死後，家臣の殉死が相次いだことです。これが高い評判を得るようになると，殉死が武士の中にて流行を見せます。事態を重く見た四代将軍徳川家綱は，1663年殉死禁止令を出し，以後このような流行は収束をむかえることとなります。なお，殉死者と主君との間には男色関係があった可能性が示唆されており，このような死の背景には，死者との一体化の願望があったのかもしれません。同様の動機は，江戸時代の心中の流行にも見られるものです。

　切腹はなぜ名誉あるものとされたのでしょうか。切腹では腹を切ることに象徴的な意味が込められています。実際，日本語においては切腹以外に自殺を表す用語の中に腹の文字を含むものは多く（例：追い腹，詰腹），腹には特別な象徴的意味があるようです。腹は魂の場所であり，感情や欲望と関連した意味を持ちます。切腹では腹をだし，そこを自ら切るわけですが，これは感情や欲望といった自らの行為の源泉を自ら罰するということを象徴的に意味することになります。つまり，自身の不名誉な行為に対して自ら罰を与えることができた者であるという点で，名誉が回復されると考えられていると思われます。

　近代においても，切腹が名誉ある死であるという思想は日本社会に十分に浸透していたようです。明治2年には小野清五郎が切腹廃止の建議案を提出しましたが，圧倒的多数の反対により否決されています。その理由は，切腹が国民精神や道徳の象徴であるというものでした。小野はその後凶刃に倒れましたが，1873年（明治6年）に切腹は刑法から削除されました。

　ただし，刑法から切腹が削除された後にも，軍人において切腹の伝統は残されました。特に，1912年の乃木希典の死は大きな影響を後世に残しました。それは，名誉の回復と主君（この場合，明治天皇）との一体化という切腹の歴史を凝縮していたからだと思われます。

　陸軍大将乃木希典は，明治天皇が崩御され（1912 年 7 月 19 日），大葬が行われた日（同年 9 月 13 日）の夜に自害しています。乃木の死の背景には，明治天皇の死に殉じたという側面と，日露戦争で多くの将兵を失ったことに対する自己処罰の意味合いがあると考えられています。

　この死には賛否の声が上がり，当時の知識人の中には，この行為を前近代の亡霊が蘇ったものであるかのような批判をする者がいました。しかし，崇敬者の組織である中央乃木会の結成，日本各地での乃木神社の創建といったことを考えると，この死がいかに一般の日本人の心をとらえたものであったかは想像に難くありません。

▎名誉ある自殺は日本だけのものか？

　ただし，このような自殺による名誉の回復や故人との一体化といったものは日本固有のものではないように思われます。例えば，古代ローマの人々は理性による自殺を容認していたストア派哲学の影響もあり，自殺に対して寛容な態度をとっていたといわれます。ローマ法では，犯罪者の財産の没収が定められていましたが，罪人が自殺をすることで財産の没収を免れることができました。これは，理性的な死によって自らを罰することにより名誉が回復され，その子孫は罰を受けない（財産を相続できる）というロジックです。上述の，清水宗治の切腹後の秀吉の対応に相通じるものがあります。

　このように，処刑の一形式としての自殺やそれによる名誉の回復というものは，日本における切腹以外にも存在したものであり，切腹だけが特別な存在だというわけではありません。こうした制度が世界中に存在するのは，処刑を決断するという苦痛な仕事から為政者を解放するという為政者側の利益と，自殺によって名誉が回復されるという被処罰者の利益が合致するからだと考えられます。

　また，自殺の背景に故人との一体化の願望があるという指摘も，切腹や日本における心中に固有のものではありません。こうした願望が自殺の背景に存在することは，遺書の研究において海外でも確かめられています。つまり，切腹という行動・儀式の様式の固有性はともかくとして，切腹という死の機能や背後にある願望には，程度の差こそあれ，洋の東西に大きな違いはないというこ

とです。

　以下は筆者の私見ですが，切腹を日本固有の「理性的」自殺だととらえる言説があったとすれば，それはオリエンタリズムの一種か，オリエンタリズムの内面化による影響だと思われます。オリエンタリズムとは，エドワード・サイードが批判した，西欧人の持つ，西欧にはない異質なものをオリエント（東洋）特有の性質とカテゴライズする傾向のことです。こうした傾向が西欧を目標として近代化を目指した日本人に内面化され，自殺や切腹の崇高さを引き立たせ，結果として高い自殺率を生み出している可能性はあるかもしれません。

▎時代・地域によって自殺や自殺予防への態度は変わりうる

　ここまで見たように，日本の自殺率は世界的に見ても比較的高い水準にあります。諸外国の自殺率の低さには文化・宗教的影響による報告の歪みの問題が存在する可能性はありますが，それを差し引いたとしても，日本が平均よりも低くなることはないでしょうし，その背景には，比較的自殺許容的な東アジア的宗教（主に仏教・儒教）による死生観があるかもしれません。[63]ただし，これも普遍的なものというわけではありませんでした。同一宗教内であっても，自殺や自殺予防に対する態度は 180 度変わりうるということは，キリスト教の歴史を見れば明らかです。自殺や自殺予防に対して，こう考えねばならないという規範が存在するわけではないのです。

▼63——仮に，東アジア的宗教観が自殺許容的であり，それが一朝一夕に変えられないものだったとしても，それは必ずしも否定的に考えるべきことではありません。東アジア的宗教観は自殺許容的かもしれませんが，それは，死にたくなった時に他者に死にたいと言えるような環境，自殺者数を正確に集計する制度といった自殺対策に必要な環境の整備のしやすさにつながるかもしれません。死にたいのに死にたいと言えない状況や，自殺をしたのに自殺とカウントされないよりも，死にたい人を早期に発見し，適切に対応できる環境を構築していく方が良いのではないでしょうか。

第**5**章

態度

自殺は悪いことか？

....

▌明らかに予防すべき自殺

　ここまで，自殺や自殺予防に対して人類が持ちうる様々な態度を確認し，それが変化しうることを見てきました。こうして一度，我々が持つ自殺や自殺予防に対する考えをリセットしたところで，いよいよ本丸の問いについて考えてみたいと思います。つまり，それは，「自殺は予防すべきか？」です。

　私は大学の授業においても，自殺予防の是非について論じていますが，自殺を予防すべきではないと考える人が最も多く挙げるその理由は，自由意志の尊重です。つまり，人は自分の死について自由意思にもとづいて自己決定する権利を有しており，それ故に他者がその決断に無闇やたらに干渉すべきではないということです。

　ジョン・スチュアート・ミル（1971）の自由論から抽出されたいわゆる「危害原理」（harm principle）は，他者の自由を制限する際の正当性を担保する現代社会における標準的な考え方です。[64]これは，自由は最大限尊重されるとしても，それは他者に危害が及ばない範囲のことであり，危害が及ぶ場合においては，その自由は制限されるという考え方です。そのため，現代社会において，殺人や窃盗を行う自由はなく，こうした行動は公的・法的に制限されています。

　こうした原則に抵触するのが，鉄道への飛び込み自殺に代表されるような他者の財産や資源に損害を与えるようなタイプの自殺です。

▼64────ジョン・スチュアート・ミル（著），塩尻公明（翻訳）（1971）自由論．岩波書店．

▎自殺による負の外部性

　国土交通省鉄道局の「鉄道利用者等の理解促進による安全性向上に関する調査報告書」[65] によると，鉄道運転事故は年間850件程度起きており，300〜400名程度が死亡しています。鉄道運転事故の半数は人身障害事故（線路内立入，ホーム上での接触・転落等）であり，4割が踏切障害事故（直前横断等）です。輸送障害は年間4,000件を超えており，原因は鉄道の故障や係員のミスなど鉄道会社に起因するもの，乗客に起因するもの，自然災害に起因するものがそれぞれ3分の1程度を占めています。そして，乗客に起因する輸送障害の4割は自殺で，遅延時間が30分〜1時間の事例の6割は自殺によるものです。2010年は自殺企図が647件あり，その85%が死亡しています。

　同報告書は，首都圏での鉄道への飛び込み自殺1件につき，経済的損失は平均値で8,900万円，中央値で7,700万円だと試算しています。この額は，乗客数と遅延時間に時間価値をかけ合わせて算出したものです。この額には，車体や路線が損傷した場合の修理費，事後処理をする者の人件費，自殺を目撃した運転手が受ける精神的なショックなどは換算されていません。つまり，最低ラインとしてこの程度の経済的損失が生じるということです。ちなみに，こうした鉄道での事故については，鉄道事業者から当事者のみならず，遺族や当事者の所属会社などに対して損害賠償請求が行われ，数千万単位の支払いが行われた事例もあります。

　居住建物内で自殺が生じた場合にも経済的な問題が発生する場合があります。自殺に限らず，重大な事件や事故が生じた不動産物件は心理的瑕疵物件として経済的価値が低下します。昭和37年6月に大阪高裁で行われた裁判において心理的欠陥（主観的な住み心地の悪さ）が瑕疵に該当することが肯定されて以降，心理的瑕疵物件に関する様々な裁判が行われています。物件の売買においては，自殺等によって生じた心理的瑕疵を売り手が開示しない状態で売買が成立したことに対して，買い手が賠償を求めるものがほとんどです。賃貸におい

▼65――国土交通省鉄道局（2010）鉄道利用者等の理解促進による安全性向上に関する調査報告書．
http://www.mlit.go.jp/common/000120234.pdf

ては，賃借人が自殺したことによって賃貸人が保有する物件の経済的価値が毀損されたため，賃貸人が賃借人の相続者へ損害賠償請求をするというものが多くを占めます。

　物理的瑕疵と異なり心理的瑕疵の有無の明確な基準は存在しません。過去の判例を見る限り，心理的瑕疵を引き起こした事件の重大さや事件からの経過年数，近隣住民の記憶の状況，売買・賃貸された物件の使用目的，具体的な経済的損害の発生状況などが考慮され，賠償額が決定されているようです。売買の場合はかなり金額の幅がありますが，賃貸の場合においても数百万単位で賠償額が認定されることは少なくありません。

　以上のように，自殺の方法や場所によってはかなり高額の経済的コストが発生します。鉄道への飛び込み自殺では，運転手が怪我をするなど，直接的な危害をこうむる場合もあります。自殺という行為そのものの自由が仮に認められる場合があったとしても，その手段や場所によっては，それが制限（予防）されるべきだと判断して差し支えないでしょう。

▌「皆さん，不老不死になりたいですか？」

　こうした他者に害を与えるタイプの自殺以外の自殺を考えてみましょう。列車などへの飛び込みとは異なり，樹海の中で人知れず息絶えるようなタイプの自殺は，おそらく他者に危害を加える可能性は低いでしょう。そのような自殺は予防すべき対象でしょうか。

　この問いに答えを出す前にまず考えなければならないのは，自殺が良いことなのか，あるいは悪いことなのか，ということです。自殺が仮に良いことなのだとすれば，それは予防するようなものではないということになります。良いことが起こるのを防ぐ理由はないからです。だから，自殺が予防すべきものかどうかを考える際には，自殺そのものの善悪を判断する必要があります。

　そして，第 1 章でも見たように，自殺は死の一形態なわけですから，そもそも自殺に限らず，死は悪いものなのかどうか，というところから考えなければなりません。もし仮に死が良いことだとすれば，やはり死は防ぐべきものではないということになりますし，そうなれば必然的に，自殺は予防すべきなのだという話にはならないからです。

　死の善悪を考える第一歩として，私はよく授業の際に，「不老不死になりたいか？」という質問をします。アンケートにスマホで答えてもらい，リアルタイムで結果を表示する，なんてことをしています。読者のあなたも，ちょっと考えてみて下さい。あなたは不老不死になりたいでしょうか？

　こうしたアンケートをとると半数以上の学生は，不老不死にはなりたくないと回答します。一見おかしな回答だと感じる人も多いかもしれません。しかし，その場合は，不老不死になるということの意味をあまり深く考えていないのではないかとも思います。不老不死は文字通り不老不死ですから，肉体的には健康で元気であり，永遠に死なないという状況を指しています。永遠に死なないというのは，文字通り永遠です。数百年生きられるという意味ではありません。数万年とか，数億年でもありません。永遠です。死なない限りは人は生きているわけですから。

　永遠に生きなければならない状況をイメージしてみると，それは辛いかも，と感じる人は少なくないようです。実際，永遠に生きなければならない状況になった人の辛さを描く文学作品は散見されます。そして，永遠に生きることの辛さの原因は，やはり何よりも，「飽きる」ことにつきます。もちろん，数百年くらいであれば色々とやってみたいことを思い浮かべることはそれほど難しくはないかもしれません。しかし，数百年を百回繰り返したところで，数万年しかたちません。永遠には程遠い年月です。そして，いずれやりたいこともなくなり，生きていることに飽きてしまいます。その後に待っているのは永遠の退屈です。これを想像し，やはり不老不死はそれはそれで辛い，と答える人が多いようです。死は個人としての人間を永遠の退屈から解放してくれる救世主かもしれません。

　だからといって，死が単純に良いことであって，悪い要素がまったくないというわけではありません。死に悪いと言える側面があるとすれば，それは，死ななければ得られたであろう良きことが死によって得られなくなることです。不老不死の辛さは死ねないことからくる永遠の退屈だったわけですが，永遠の退屈になる前の段階では，楽しく生きていた可能性があります。やりたいことがあり，生きることから多くのことが得られているという段階で死ななければならないとすれば，それは非常に辛いことです。

　こう考えてみれば，我々にとっての最良の人生とは，自分自身が望むだけ生

き，やりたいことをやりたいだけやって，それがなくなり人生に飽いたので死
ぬ，ということになるのではないでしょうか。[66]

自殺は他の死に方と比べて悪いのか？

　第1章で見たように，死に方はおおむね，自然死（病死を含む），事故死，
他殺と自殺の4種類に分けることができます。それでは，望むだけ生きて永遠
の退屈モードに入ったらその後に死ぬことが最良の人生だったとして，自殺と
いう死に方は他の死に方と比べてどのような特徴を持っているでしょうか。

　これらの死に方を見ると，実は最良の人生を送るという観点から見た場合，
自殺という死に方は，最も理に適った死に方であるようにも思えます。望むだ
け生きて永遠の退屈モードに入ったタイミングで偶然に致死的な病気にかかっ
たり，事故が起こったり，他人に殺されることを想定するのは楽観的すぎます。
このような時期をコントロールするためには，やはり自らの手でなんとかしな
ければならないことは明白です。自殺以外の死に方は，最良の人生を送るため
に使うことができないのです。[67]

　以上のように論理的に考えると，望むだけ生きその後に自殺をするのが最善
の人生ということになり，自殺者は良い死に方をしたということになります。
しかしながら，現実はおそらくそうではありません。

　表6は，2017年における年齢階級別の死因上位3位を示したものです。この
表を見ると，未成年で自殺で亡くなった者は少なくとも500名以上いること，

▼66——この辺りの込み入った哲学的問いに興味のある人は，以下の文献が参考になります。シェ
　　　リー・ケーガン（著），柴田裕之（翻訳）（2019）「死」とは何か——イェール大学で23年
　　　連続の人気講義（完全翻訳版）．文響社．
▼67——例えば，死の悪い側面としては，周囲の人の悲しみを引き起こすといった指摘もあるかも
　　　しれません。確かに，死は周囲の人の悲しみを引き起こすという意味で悪いのですが，こ
　　　の点については，自殺だけの問題ではありません。故人の死の形態が遺された人に与える
　　　影響に差異があるか否かという問題は興味深い問いであり，様々な研究が行われていま
　　　すが，死の形式による差異は小さいという説が有力です。もちろん，悲しみの強さの程度
　　　が小さかったとしても，悲しみの質に違いがあり，自殺は特別だという考えもあるかも
　　　しれませんが，この点については結論は出ていません。参考文献：Jordan, J. R. (2001)
　　　Is suicide bereavement different? A reassessment of the literature. *Suicide & Life-
　　　threatening Behavior*, 31, 91-102.

表 6　年齢階級別の死因上位 3 位[69]

年齢階級	第1位				第2位				第3位			
	死因	死亡数	死亡率	割合(%)	死因	死亡数	死亡率	割合(%)	死因	死亡数	死亡率	割合(%)
10〜14歳	悪性新生物	101	1.8	20.2	**自殺**	**100**	**1.8**	**20.0**	不慮の事故	85	1.5	17.0
15〜19歳	**自殺**	**434**	**7.3**	**36.0**	不慮の事故	312	5.3	25.9	悪性新生物	141	2.4	11.7
20〜24歳	**自殺**	**1,178**	**19.7**	**50.8**	不慮の事故	382	6.4	16.5	悪性新生物	175	2.9	7.5
25〜29歳	**自殺**	**1,423**	**22.0**	**49.5**	不慮の事故	388	6.0	13.5	悪性新生物	325	5.0	11.3
30〜34歳	**自殺**	**1,520**	**20.9**	**39.0**	悪性新生物	698	9.6	17.9	不慮の事故	413	5.7	10.6
35〜39歳	**自殺**	**1,762**	**20.7**	**30.0**	悪性新生物	1,392	16.4	23.7	心疾患	551	6.5	9.4
40〜44歳	悪性新生物	2,901	30.1	28.8	**自殺**	**2,042**	**21.1**	**20.3**	心疾患	1,219	12.6	12.1
45〜49歳	悪性新生物	4,683	55.2	34.1	**自殺**	**2,046**	**24.1**	**14.9**	心疾患	1,719	20.3	12.5
50〜54歳	悪性新生物	7,760	100.9	39.1	心疾患	2,562	33.3	12.9	**自殺**	**2,015**	**26.2**	**10.2**
55〜59歳	悪性新生物	13,851	182.7	45.7	心疾患	3,689	48.7	12.2	脳血管疾患	2,249	29.7	7.4
60〜64歳	悪性新生物	27,860	312.3	48.6	心疾患	7,133	80.0	12.4	脳血管疾患	3,912	43.9	6.8

　若いうちに亡くなった者こそその死因が自殺である可能性が高いことが分かります[68]。もちろん，これらの方々がどのような理由で亡くなったのかは伺い知ることができません。しかしながら，20年そこそこで人生においてやりたいことは全てやってしまい，永遠の退屈モードに入ってしまったということはないと思います。おそらくは，何か非常に辛いことがあり，生きるための支援が足りない状態にあったのだろうと思われます。これは，上述のような自殺がもたらす最善の人生ではありません。

　以上をまとめると，最良の人生を送ろうと考えた際に死は不可欠でありながら，現状の自殺による死は最良の人生とはかけ離れた形で行われている，ということになります。

▌自殺の問題点

　目指すべき姿となっていないという現状の問題以上に，自殺をすることには問題が含まれています。それは，仮にやりたいことをやり切って，もう人生に

▼68──40 歳以下で亡くなった場合，自殺で亡くなっている可能性が最も高いことからも分かるように，現状では，人生から良きことを奪ってしまう原因の最上位に自殺が存在していると思われます。

▼69──厚生労働省（2019）令和元年版自殺対策白書．https://www.mhlw.go.jp/wp/hakusyo/jisatsu/19/index.html

おいてやりたいことはなく，今後の人生は下り坂で得るものはなく，マイナスしか待ち受けていないために死にたいと判断したとして，その判断が正しくできているのかが分からない，ということです。自殺は不可逆的な現象であり，一度死んでしまうと，間違えてしまったからといって，生き返ることはできません。ですから，正しい判断ができるか否かは究極的に重要なことです。

　すでに，第2章内で自殺企図の直前の心理状態について説明をしたように，死にたいという考えに頭が占められ，自殺企図を思い描くようになり，実際に致死的な自殺企図を行う直前に，上記のような推論が正しく行えるか否かは不明です。繰り返しになりますが，自殺の直前の心理状態については，よく分かっていないことが多いからです。完璧にクリアな状態にはならないかもしれませんが，現状においてどちらの考えがより確からしいかということを比較検討し，暫定的な答えを出してみたいと思います。

　自殺をする者と異常・病的心理状態を結びつける言説は歴史的に見てかなり古い時期から繰り返しなされています。[70]古くはヒポクラテスやアリストテレスの論考の中に自殺の前に精神的な変調が生じることが記録されているといいます。近代ヨーロッパにおいても，モンテスキューやエスキロールらが自殺と精神の異常との関連を指摘しています。自殺と精神医学に関わる言説について，古代から近代までの長い歴史全てを振り返ることは私には到底不可能ですが，異常心理と自殺との関連が古くから指摘され続けてきたことは間違いのない事実です。[71]

　現代においても，自殺に関する研究者のほとんどは自殺者が自殺企図の直前に上記のような複雑な推論を適切に行い，正しい答えにたどりつけるとは考えていません。例えば，すでにみたシュナイドマンの理論などはその代表と言えます。シュナイドマンは自殺者の心理状態の一つに心理的視野狭窄を挙げてい

▼70——これもすでに説明したことですが，自殺と精神障害の間には密接な関係があることが明らかになっています。心理学的剖検調査を行うと，故人の多くは生前，精神障害の診断がつくような状態でした。つまり，自殺者の心理・精神状態は病的な状態であった可能性が高いということです。ただし，精神障害の診断がつく状態であることがすなわち合理的で理性的な判断をその人から常に奪っていることになるわけではありません。また，こうした調査は故人への聞き取りではなく，遺族への聞き取りによって成り立っていること，精神障害の診断がついている人の多くは自殺をしないことも忘れてはなりません。

ました。心理的視野狭窄とは，死にたい人や辛い状況に追い込まれた人が抱える問題を解決・軽減する方法があったとしても，自殺念慮に圧倒されている状態では，「意識の停止（≒死）」という解決策しか見えなくなる，という状態のことを指していました。仮に，人が真に合理的な状態であれば，取りうる選択肢を列挙し，それぞれを選択した場合の結果を吟味して，最良と思われるものを選ぶはずです。問題状況を解決するに当たってただ一つの選択肢しか見えなくなっているような状態があるとすれば，複雑な問題に対して適切な解を見つけることは到底不可能です。

┃ そもそも人間は合理的に意思決定をするか

　しかしそもそも，死にたいか否かということをおいておいて，正常な／普通の状態の時に，人間がいつもこうした複雑な問いに対して正しい解を導き出せるか否かということを考えてみると，そのこと自体かなり怪しいのではないかと思います。人間が常に合理的な思考ばかりしているわけではない証拠が山のようにあるからです。[72]

　こうした問題を考えるにあたって，ここでは，（行動）経済学の知見を参考にしてみたいと思います。経済学においては当初，人間は合理的な意思決定を行う主体（ホモエコノミクス）と仮定されていました。しかし，それだけでは人間の意思決定行動を説明しつくすことはできないということが明らかになってきました。つまり，人間はある程度の合理性を有した意思決定を行うが，自

▼71──ただし，前章でも見たように，近代ヨーロッパでは自殺は法的処罰の対象であったことに留意する必要があります。つまり，その時代の論考は自殺を法的処罰の対象から外すべきである（なぜならば，それは病気であり，異常なことだから）という主張をすることを目的に書かれた可能性があるということです。また，ここで挙げたような論者によってなされた自殺の前に精神の異常が見られたとする記述は，そのような事例があったという話であり，全て（あるいはほとんど）の自殺の直前に異常な心理状態が見られるとの間には大きな違いがあります。

▼72──合理的に思考していないどころか，合理的に思考せずに決めた結果に関してあれこれと後から理由付けをし，あたかも様々な要素を考慮して決定したかのように思い込む性質もあります。人間の意思決定に関するより詳細な文献は，例えば以下のものにあたって下さい：日本認知科学会（監），山田歩（著）（2019）選択と誘導の認知科学．新曜社．

殺の選択に限らず，普段から必ずしも合理的な選択を行っているわけではない
ということです。このような結論にたどり着いた歴史を簡単に振り返ると以下
のようになります。

　経済学における人間の意思決定に関する研究は，当初，規範理論の研究が精
力的に行われていました。規範理論とは人間の合理性を前提とし，どのように
意思決定をすることが望ましいかを説く理論のことです。

　こうした規範理論の代表例が，期待効用理論です。期待効用理論とはリスク
下にある個人は期待される効用を最大化するように行動を選択する（期待効用
基準に従う）という仮説に基づき人間の意思決定行動のモデル化を行う理論の
ことです。より平易な言葉に言い換えると，確率で表現可能なリスクを抱えた
選択を行うものは，選択の結果として得られると期待される満足感が最大にな
る選択肢を選ぶということです。我々が一般に合理的だと考える意思決定のあ
り方だと言ってよいと思います。

　一方で心理学では，規範理論ではなく，人々が実際にどのような意思決定を
行っているかを記述する試みが行われてきました。その中では，規範理論では
説明のつかない非合理的な人間の選択行動が記述され，規範理論への反例が積
み重ねられていきました。

　その後，これらの研究が融合を果たした行動経済学や経済心理学と呼ばれる
分野の研究が行われるようになります。規範理論において築かれた数量化され
た意思決定のモデルを基盤に，記述的研究の中で見出された反例を統合してい
く試みです。代表例としては，トヴァスキーとカーネマンらが提唱したプロス
ペクト理論があります。

　確率と期待効用に基づく合理的な意思決定を人間はしないことが明らかになっ
てきたというのが，これまでの意思決定研究の歴史です。合理的な意思決定が
不可能な理由は，人間の認知資源に限界があるからだと考えられています。つ
まり，ある意思決定をしなければならない瞬間に，取りうる全ての選択肢とそ
の結果の期待効用を計算し，その中から最良のものを選び出すことは，現在の
人間の脳の情報処理能力では不可能だということです。人間は完全な合理性を
持たず，情報処理能力を節約しながら限定された合理性の中で生きています。

┃ ヒューリスティクス

　こうした人間の限定合理性の考えをさらに押しすすめたものが，ヒューリスティクスという考え方です。ヒューリスティクスとは，人間が複雑な意思決定をする際に用いている簡便な推論方法のことを指しています。心理学辞典では，アルゴリズムに対する言葉であり，論理的・必然的な保証はないが，経験的にまたは類似性から解決への到達確率を高める思考法と説明されています。

　この推論方法は簡便ですが，近似的な最適解を導くことも同時に示されています。例えば，二つの都市の人口についてどちらが多いかを問われた場合，自分がその都市を知っているかどうかだけで選択を行っても比較的正答にたどり着く可能性は高いものです。街中で食事に困った時には，人々が列を作っている店に入る方がおいしい食事にありつける確率は高まります。こうした判断に論理的根拠はありませんが，我々の経験に合致するものです。

　このような日常的な例ではなく，実験的に我々が有していることが示されているヒューリスティクスについていくつか紹介しておきます。例えば男女同数であるが，女性の方が多くの有名人の名前が含まれているリストを提示すると，人はリストに女性の方が多く含まれていたという印象を持ちます。これは，利用可能性ヒューリスティクスと呼ばれるものです。また，論理的には，じゃんけんをした際に，「勝勝勝負負負」と勝敗が決する確率と「負勝勝負勝負」と勝敗が決する確率は同じですが，後者の方がより起こりやすいことのように感じます。これは代表性ヒューリスティクスと呼ばれるものです。

　それではこのヒューリスティクスと自殺者の心理にはどのような関連があるでしょうか。自殺学者のシュナイドマンは自殺に共通する10の共通点の一つとして，「自殺に共通する一貫性は，人生全般にわたる対処のパターンである」という項目を挙げています。[73] これは，身にふりかかる強烈なストレスにどのように対処するのかを意思決定する際に，自殺者には自殺に通じるような一貫したパターンを続けているということを意味しています。つまり，自殺者特有の

▼73——エドウィン・S. シュナイドマン（著），高橋祥友（翻訳）（2005）シュナイドマンの自殺学
　　　——自己破壊行動に対する臨床的アプローチ．金剛出版．

ストレス対処時のヒューリスティクスがあるという話です。

　その対処方法とは，困難が生じた際に意識を正常な状態から変えて，辛さや心理的な痛みを感じないようにするという対処のことを指しています。例えば，何か問題が生じた際にアルコールを飲んで気を紛らわす，睡眠薬を過量服薬するといった行動は，困難が生じた際に通常の意識状態を変えるというパターンとして一貫しています。そして，ほとんどの場合，こうした対処は一時的な気分の安定をもたらしますが，長期的に見るとより重大な問題を引き起こしてしまいます。こうしたヒューリスティクスによって選択されたストレス対処方法の一つが自殺であるとすれば，それは十分に合理的な個人が熟慮の末に選んだ選択だということは難しいと思われます。

▌フレーミング効果

　もう一つ，我々の意思決定が合理的に（結果の生じる確率と期待効用の計算によって）行われていない具体例を上げておきます。それはフレーミング効果と呼ばれる現象です。

　フレーミング効果とは，意思決定問題の言語的記述の仕方により人々の選好が変わってしまう現象のことを指しています。つまり，数学的には同様の意味を示す内容であっても，言語的な説明の仕方を変えると，それだけで人々が取る行動が変化するというものです。このような現象は我々にとっても馴染みのあるものです。例えば，広告の出し方などはこのフレーミング効果と密接な関係を持っています。同じひき肉を売る場合であっても，赤身80％と記載するのと，脂肪20％と記載するのとでは売上は大きく変化するはずです（同じ意味のはずですが，後者を手にとろうとは思わないでしょう）。

　先述のトヴァスキーとカーネマンが行ったフレーミング効果に関する実験には，以下のようなものがあります。この実験では，アジアで発生した突発的な病気によって，アメリカで600人の人が死亡するという状況が発生したと仮定し，その仮定の下で二つの対策のどちらを採用するかを選択させます。この際，二つの条件を設けます。一つ目の条件では，

　A.「この対策を採用すれば200人が助かる（対策1）」

   B.「この対策を採用すれば600人が助かる確率は3分の1で，誰も助から
     ない確率は3分の2（対策2）」

の二つから選択をさせます。もう一つの条件では，

   A.「この対策を採用すれば400人が死亡する（対策3）」
   B.「この対策を採用すれば誰も死なない確率は3分の1で，600人が死亡
     する確率は3分の2（対策4）」

の二つから選択をさせます。
　対策1と3，2と4は本質的に同じ対策であり，人々が十分に合理的であれば
二つの選択肢において対策1と2，3と4を選択する確率は等しくなるはずです。
しかし，一つ目の条件では約7割の人が対策1を選択するのに対し，二つ目の
条件では対策3を選ぶ人は2割程度だったそうです。人々は，第一条件のよう
に選択の利得（この場合，自国民の生存）が強調される場合にはリスク回避的
になり，損失が強調される第二条件のような場合にはリスク志向的になるとい
うことです。成功の確率が低そうだと感じられた時には「あたって砕けろ」の
精神が強調され，成功の確率が高そうだと感じられた時には「安全第一」と言
われる所以です。
　この実験が示しているのは，我々は事態をどのように言語的に表現するかで
意思決定の結果を大きく変えてしまうということです。我々の実感では，日常
的な意思決定場面において結果の期待値を数学的に計算し，それをもとに選択
をすることはほぼありません。言語を使って思考し，ヒューリスティクスを用
いて熟慮をせずに決定を行うことがほとんどのはずです。自殺念慮が高まって
いる状態であれば，これはなおのことです。[74]

▌自殺予防の理想的方法

　最良の人生を送ろうと考えた際に死は不可欠であるものの，現状の自殺によ
る死は最良の人生とはかけ離れた形で行われています。それは，人間が，十分
に合理的／冷静に死の意思決定をできないからであり，その背景には，進化の

末に身に着けたヒューリスティクスの存在があると推測されます。それでは，そのような中で，（最良の生を求めて）我々はどのように死の意思決定をすべきでしょうか。

　もちろん，またもやただ一つの正しい正解があるわけではないのですが，少なくとも死の選択に際しては，それが不可逆的なものである以上，ヒューリスティクスのみに左右されないで済むような，慎重な手続きが必要だということです。想定されるより良い（間違いのない）意思決定のためには，現状自分が置かれている状況や死にたい理由について，親しい人や専門家と話し合い，その判断に問題がないかを検討することがまずは良いと思われます。

　そして，ここにいたって，ようやく「自殺は予防すべきか？」という問いへの哲学的回答が出ることになります。死は人生の良きものを剝奪するが故に悪いが，必ずしも全面的に悪いわけではなく，人間を永遠の退屈から救い出す良い面を持っていました。そのため，これ以上生きていても，生きている期間における良いことの総和が悪いことの総和を上回らないことが確認されるまで死が先のばしされるように予防をすることは（病死，事故死，他殺を予防することは），良いことだと考えられます。しかし，この確認を一人で行うと間違いが生じる可能性があります。そのため，確認は本人のみならず周囲の親しい人や，専門家を含めて行うべきだと考えられます。つまり，自殺は無制限に予防すべきではなく，一定の条件のもとでは追い求めるものであるが，死の良し悪しを複数名で確認する際に，結果的に自殺予防的な活動がなされることはありうる，というのがここでの暫定的な答えということになります。

　このように，（おそらくは現状でも多数行われている）早すぎる死を防ぐた

▼74──これまで見てきたように我々が必ずしも合理的とは言い難い意思決定メカニズムを備えていることの理由も進化心理学的に考えることで理解可能です。我々が意思決定をする際に，期待効用を計算できるような事前情報が常に与えられているとは限りませんし，また，その情報が与えられていたとしても，計算をするだけの十分な認知資源・時間が確保されているとも限りません。一方で，そのような状況の中でもどうしても意思決定をしなければならない場面は多数あります。その際に意思決定ができないからといってその場に佇んでいたとすれば，生存の確率を下げてしまいます。海辺で強い地面の揺れを感じたとしたら，恐怖感を和らげるために一目散に山へ向かって走ることで生存の確率を高めることができます。全ての避難経路を確認した上で，各経路を使った際のメリット・デメリットを考えていたら，津波に飲み込まれてしまう確率は高まってしまいます。

めにこそ自殺予防は正当化されるのであって，なんでもかんでも，どのような方法を用いたとしても自殺は予防すれば良いという考え方に哲学的な妥当性があるようには思われません。こうした思想を背景に，第Ⅲ部では，現状の自殺対策の良し悪しについても述べていきます。

　私のこのような自殺予防に対する態度は，一般に，リバタリアン・パターナリズムと呼ばれるものだと言ってよいと思います。リバタリアニズムとは，合理的な人間の持つ選択の自由を尊重する立場のことです。ただし，負の外部性（例：副流煙による発がん率の上昇）が存在しない場合に限るという前提がつきます。もう一方のパターナリズムとは，負の外部性がない場合であっても，人々の自由は場合によっては制限されるという立場です[75]。なぜならば，人々は常に合理的に行動するとは限らない（人々は限定合理性を持つ）からです。この二つの流れを統合して発生したリバタリアン・パターナリズムとは，人々が意思決定をする際の合理性が限定される場合に，穏当な警告を与えるというものです。具体的な介入の仕方としては，人々の自由を尊重することを基本路線とし，限定合理性による影響を小さくするような制度設計を通じて福利・厚生の最大化を図るということになります。

　自殺予防の問題にこのリバタリアン・パターナリズムの態度を当てはめると以下のようになります。つまり，自己の死に関する意志決定については，個人の意向を最大限に尊重します。合理的な自己意志的死については，これを認めることとなります。ただし，負の外部性（例：電車への飛び込み自殺によって鉄道会社や鉄道の利用者が負担することになる経済的・時間的コスト）が発生

▼75——パターナリズムの賛否にはそもそも様々な立場がありえますが，パターナリストの間であっても支持されてきたのは，手段パターナリズムであり，多くの場合，目的パターナリズムは支持されていません。手段パターナリズムとは意思決定者の目的遂行のための手段を提供するパターナリズムであり，目的パターナリズムとは意思決定者の（厚生の向上を名目に）行為目的に干渉するタイプのパターナリズムのことを指しています。この内容からわかるように，目的パターナリズムは意思決定者の自由や自律性を侵害する可能性が高いからです。東京から大阪へ行きたいと考えた時に，「深夜バスで行くよりも新幹線の方がはやく着くよ」と教えてくれることは許容できますが，「大阪よりも名古屋の方が楽しいから行くべきだ」と言われれば，余計なお節介だと思うはずです。こう考えてみれば，自殺対策とか自殺予防という用語よりは，「より良い生活に向けた意思決定支援」などという用語の方が本来我々がやるべきことを正しく表現しているように思われます。

しない場合に限ります。また，合理性が制限された状態での判断により早期の自殺が行われないように環境を整備することは認めます。合理性が制限された状態での判断により自殺が行われそうになった場合には，緊急的な介入をすることが許されます。つまり，合理的な自殺については防ぐ必要はなく，限定合理性のもとで実行される自殺あるいは負の外部性を有する自殺は予防すべきであるということです。

　ただし，これは，「死にたい」と言っている人がすべて合理的ではないことを前提としていません。熟慮の末に死を選ぶ人も存在するわけですから，基本的には，「死にたい」という気持ちを最大限尊重し，その上で，その意思決定に過ちがないのかを丁寧に話を聞きながら確認していくということになります。この作業こそが，結果としては自殺を予防する（というよりは，より良い生に向けた意思決定支援になる）と思われます。

第**6**章

経済的価値

予防は経済的利益になるか？

··

▌自殺予防は経済合理的か

第Ⅱ部の締めくくりに，自殺を予防することは経済的に見て投資に見合うだけのリターンを生み出す可能性があるのかという問題について扱います。ここまでの議論を踏まえ自殺予防的介入の正当性に納得をしたとしても，経済がまわらなければ継続的な対策をすることは難しいからです。どのような対策を実行するにも必ずお金は必要となるものであり，自殺対策であってもそれはかわりません。人命は確かに尊いものですが，財源は有限であり，自殺対策だけが重要な政治課題というわけではないこともまた事実です。それでは，自殺対策は経済的に見て実施価値のあるものだと言うことができるのでしょうか。

と，偉そうなことを書いてみましたが，基本的に心理学者である私は，普段はこのようなことは考えません。実際には本章のような自殺とお金の問題を考えるにあたっては，妻から大きな影響をうけました。実は私がこの手の研究を始めた頃，行政官をしていた妻が自殺学の講義をフラッと聞きに来て，授業後にこう言いました。「確かに自殺対策をするのには予算は必要でしょう。もしかするとやれば自殺者数は減るかもしれない。でも，その予算の正当性や適切性，投資効率についてはどういう風にあなたは考えているの？どれだけの予算を採ってくれば十分だと思うわけ？それを国民に説明できるの？あなた自殺の研究者なんでしょ？」

行政官は国民から集めた税金を分配する（その上で，何らかの政策を実施する）側の立場にあります。そうした人々から見れば，当然の質問だったはずですが，私はこの問いにまったく答えることができませんでした。そして，こんなことは，これまでに読んだ自殺に関する様々な本においても，まったく触れられていないテーマでした。なぜならば，自殺は予防すべきであり，命は尊い

ものだからです。そこに,「予算」や「経済効率」などという言葉がつけ入る隙間はありませんでした。

　しかし,現実はそうではありません。日本におけるほとんどすべての自殺対策は税金によって実施されています(もちろん,ボランティアが行う活動には税金はあまり関係ありませんが)。そうである以上,あまりに非効率な活動であれば,継続するはずがないのです。

　しかたがないので,私は力なく妻に答えました。

　「これから研究するから,ちょっと待ってくれ」[76]

▌自殺対策の予算

　まずは,現状,自殺対策にどれだけの費用が割かれているのか確認したいと思います。表7は,2016年に自殺対策基本法が一部改正されるまで自殺対策を所管していた内閣府自殺対策推進室(その後,所管は厚生労働省に変更)のホームページに掲載された資料をもとに,自殺対策基本法成立(2006年)以後の自殺対策予算の推移を私がまとめたものです。

　これを見ると2007〜2012年頃の自殺対策には年間約120〜300億円の予算が投入されていたことが分かります。ただし,予算の推移に関する補足として,以下の事項は念頭におく必要があります。また,これ以外に2009年度には「地域自殺対策緊急強化基金」(予算額:100億円)が造成され,都道府県における自殺対策予算として活用されました。この基金は2011年度の三次補正において37億円が積み増され,2012年度まで延長されました。

　2016年には自殺対策基本法の一部が改正され,自殺対策の所管が内閣府から厚生労働省に移行しました。この年に追加された改正自殺対策基本法第十四条は,都道府県及び市町村に対する交付金の交付に関する条文です。この条文は,国が地方公共団体の実施する自殺対策に対して厚生労働省の予算の範囲内での交付金を交付することができる旨を記しています。これにともない,

---

▼76——その後に私が行った自殺とお金に関する研究は,以下の書籍の第三部にまとまっています:
　　末木新(2019)自殺対策の新しい形——インターネット,ゲートキーパー,自殺予防への態度.ナカニシヤ出版.

表7 自殺対策関連予算額の推移

事項	2007年度 予算額	2008年度 予算額	2009年度 予算額	2010年度 予算額	2011年度 予算額	2012年度 予算額 (含補正案)
1. 自殺の実態を明らかに する	234,920	220,960	188,374	39,084	28,409	45,677
2. 国民一人ひとりの気づ きと見守りを促す	1,106,929	1,479,634	442,130	322,848	363,450	260,292
3. 早期対応の中心的役割を 果たす人材を養成する	621,908	583,890	556,596	346,307	447,362	371,222
4. 心の健康づくりを進め る	6,161,971	4,035,600	989,586	885,322	2,841,579	8,697,882
5. 適切な精神科医療を受 けられるようにする	343,153	390,700	2,615,678	2,773,256	2,925,778	2,941,760
6. 社会的な取組で自殺を 防ぐ	14,612,584	14,115,858	8,721,853	7,897,756	6,609,503	17,112,916
7. 自殺未遂者の再度の自 殺を防ぐ	1,527,588	1,729,638	2,174,758	2,315,159	1,819,581	10,973
8. 遺された人の苦痛を和 らげる	64,951	82,212	62,933	45,299	19,368	—
9. 民間団体との連携を強 化する	97,740	119,811	240,253	259,204	259,979	151,303
10. 上記に該当しないも の	17,239	23,918	17,881	17,044	17,527	3,031,757
合計(千円)	24,684,039	14,446,242	13,577,505	12,446,000	13,421,344	32,623,782

2016年度からは厚生労働省の当初予算に地域自殺対策強化交付金25億円が計上されることとなりました。内閣府の地域自殺対策緊急強化基金が補正予算でその都度計上されていたことに比較すれば,各地域における自殺対策の財源の安定化に向けて大きな前進が見られたと言うことができます。

とはいえ,厚生労働省から安定的に計上されている額はそれほど多くはなく,自殺対策に関連する予算を大目に見積もったとして,100〜300億円程度ということになります。ただし,ここで「自殺対策関連予算」とされているものの中には,鉄道のホームドアの設置やアルコール等依存症への対策といった自殺予防に関する効果のエビデンスのある対策から,国営公園整備費や森林・林業・木材産業づくり交付金のような自殺対策との関連が不明瞭なものまで含まれています。

▌自殺対策の経済的価値

　それでは，自殺対策にこれだけの費用を投入することは，リターンに見合っ
たものだと言えるのでしょうか。まずは，自殺によって生じる経済的な損失に
ついて推計するところからはじめてみたいと思います。日本では中高年男性の
自殺が多いわけですが，仮に勤労世代の人間が一人自殺で亡くなった場合，そ
の人が提供していた労働力，稼いだはずの所得およびそこからなされる消費が
減少し，めぐりめぐって国民経済全体が大きなダメージを受けることになります。
その人に子どもがいれば，子どもは高等教育の機会を逸し，結果として子世代
の労働・所得・消費が減少する可能性まであります。現役世代から引退した高
齢者の場合は労働力としての損失は生じませんが，消費は失われるため，国民
経済全体で見れば需要が減少することなり，これもまた経済的なダメージを生
み出すこととなります。単純に考えただけでもこれだけの経済的な損失が生じ
ますが，年間2万人近い方が自殺で亡くなるとすると，この経済的損失はどの
程度の規模になるでしょうか。

　日本における自殺対策の経済的便益を検討した研究で近年最もインパクトを
与えたものは，国立社会保障・人口問題研究所の金子と佐藤による推計です。[77]
この資料によると，自殺やうつ病がゼロになった場合の経済的便益の推計額は
単年（2009年度ベース）で約2兆7千億円と推計されています。ここでいう自
殺対策の経済的便益とは，「自殺を予防することによって，働ける間は働くこ
とができるようになるために得られる生涯所得（稼働所得：賃金所得と自営業
所得）の直近年次における現在価値（期待値）」のことであり，自殺がゼロに
なることによる稼働所得の増加は1兆9,028億円と見積もられました。この額は，
2009年の自殺死亡者（計32,845人，警察庁統計）のうち0歳～69歳までの自
殺死亡者（計26,539人）を男女別年齢階級別に集計し，2009年に死亡しなかっ
たという仮定のもとに生涯所得を合算した値です。これに加え，自殺対策は中
長期的なマクロ経済的便益（GDPの増加）を生みだす可能性を有しています。

▼77──金子能宏・佐藤格（2010）自殺・うつ対策の経済的便益（自殺・うつによる社会的損失）
の推計．<https://www.mhlw.go.jp/stf2/shingi2/2r9852000000sh9m-att/2r9852000000sh
d1.pdf> 最終アクセス 2019/8/22.

　その後，類似の推計が再度行われ，自殺の社会経済的損失額および自殺対策の経済的便益の推計（自殺によって失われた，仮に自殺死亡せずに働いていたならば得られたはずの生涯所得の損失額）は，自殺者数が最多の2003年で5,915億円，自殺者数がある程度減少した2015年で4,594億円とされました。[78]

　ただし，これらの推計にはいくつかの問題が存在します。第一に，所得を元にした推計では，生産年齢人口以外の年少者や高齢者への自殺対策の便益については検討できないという問題があります。年少者の自殺件数はそれほど多くないものの，自殺の危険性の高い高齢者の自殺対策の価値を推計できないことは，大きな問題です。第二に，上記の推計は自殺者がゼロになった場合の経済的便益を推定していますが，この状態の経済的便益を推計することは現実的ではありません。自殺死亡のようなリスク管理の戦略の一つには，あらゆるリスクを排除しようとするゼロリスク戦略がありますが，完全に自殺リスクをなくすことは，技術的・経済的に不可能です。どれほどの自殺対策をしたとしても確率的に一定程度の自殺が生じるという前提にたてば，自殺対策の経済的便益についてはより現実的なラインで検討する必要があります。

　このような限界はありますが，自殺対策基本法以前の最も自殺者数が多かった2003年と，自殺対策基本法施行後しばらくがたち，自殺者数が減少をした後の2015年とでは，自殺による経済的損失が年間1,300億円ほど減少していることになります。仮にそれが100〜300億円程度の予算で成し遂げられているのだとすれば，現在の自殺対策は十分経済的リターンを生み出していることになります。

　ただし，やはりこのような自殺対策の便益の推計には様々な問題があります。確かに，所得を元にした推計では，生産年齢人口以外の年少者や高齢者への自殺対策の便益については検討できないという問題があり，このことは便益を少なく見積もっている可能性を示しています。一方で，①そもそも自殺のリスク（例：うつ病）を抱えた者の生涯平均年収がそうではない者と同等であるという前提に問題があり便益を過大評価している，②自殺が行われることによる便

▼78—金子能宏（2017）都道府県別にみた自殺の社会経済的損失額及び自殺対策の経済的便益の推計（2005年，2015年）－2017年3月推計－. <https://jssc.ncnp.go.jp/file/pdf/2017-0323-sonsitugaku-suikei-sokuho.pdf> 最終アクセス 2019/8/22.

益が考慮されていない，といった問題点も指摘されており，むしろ，自殺が行われることによる社会的便益の推計値は自殺を予防することのそれを上回るという試算も存在します[79]。

▎統計的生命の価値

　こうした自殺対策のもたらす便益の推計値への批判を裏付けるように，我々は端的に言って，自殺対策を行うに際して，より慎重な姿勢を保持しています。つまり，数ある死亡対策の中でも，自殺対策はあまり好まれておらず，投資の対象と見なされていないということです。

　この問題を考える際に用いられる概念の一つに統計的生命の価値という概念があります。統計的生命の価値とは，ある問題によって生じる統計的な死亡を避けるためにどの程度の金額を支払ってもよいと考えているかを集計した上で，一人の統計的死亡を回避するための支払意思額を計算した金額のことです。具体的には，特定のリスク削減幅に対する支払意思額をそのリスク削減幅で割った値になります。例えば，自殺死亡のリスクを10万分の1だけ小さくすることに対して1,000円の支払いをしても良いと考えた場合，統計的生命の価値は，「1,000円 ÷ 1/10万 ＝ 1億円」となります[80]。

　統計的生命の価値に関する研究は日本においても多数の積み重ねがあります。様々な形式の死亡対策に対する推計値を出すことが可能ですが，特に，交通事故死亡を対象として，交通事故死亡対策への支払意思額を直接質問したものが多く見られます[81]。国土交通省は，「公共事業評価の費用便益分析に関する技術指針（共通編）」の中で，『（交通事故死亡に伴う）「精神的損害」は「支払

▼79——詳細については，以下の文献などを参照して下さい：Yang, B., & Lester, D. (2007) Recalculating the economic cost of suicide. Death Studies, 31, 351-361. Stack, S. (2007) Societal economic costs and benefits from death: Another look. *Death Studies*, 31, 363-372.
▼80——統計的生命の価値という概念は誤解や誤解に基づく批判を受けることがあります。これは人命を金銭的価値に置き換えることへの心理的抵抗から生じるものです。統計的生命の価値は我々が漠然と考える「いのちの値段」なるものを指しているわけではありません。そうではなく，自殺や事故といった事象に代表される小さなリスクを削減するための対策や行政の運営が効率的に実施されているかどうかを評価することを目的として作成されたものであることを理解しなければなりません。

意思額による生命の価値」をもとに設定することを基本とし，これまでの国内の研究実績・成果の蓄積状況，海外での設定状況を踏まえ，当面，二二六百万円（二億二六〇〇万円）／人（死亡）を適用する』と記しています。この推計に代表されるように，既存の研究は統計的生命の価値がおおむね数億円程度であることを示唆しています。同様の方法を用いた海外の研究を見ても，各研究によって多少の差はあるものの，概ね数百万米ドル（数億円）程度の額であると推定されています。[82] つまり，このことは，事故で死亡する人を一人少なくすることに対して，おそらくその人が稼ぐであろう生涯年収と同程度の金額をつぎ込んでも問題ないと我々が判断しているということです。

▌自殺対策は好まれていない

それでは，自殺死亡リスクを対象とした研究の結果はどうなっているのでしょうか。残念ながら自殺死亡リスクを対象として統計的生命の価値を算出した研究はほとんど存在しません。仕方がないので，私が行うことにしたわけですが，その調査では自殺死亡リスクを対象とした統計的生命の価値は2〜3千万円程度と推定されました。交通事故死亡を対象とした研究とは推計値の桁が一つ異なっています。つまり，交通事故死亡対策に対して払っても良いと感じる税金の額と，自殺死亡対策に対して払っても良いと感じる税金の額を比較すると，後者の方が大幅に少ないということです。

これは，人々が交通事故死亡対策を高く評価しているというよりは，自殺対策の意義を低く感じているということだと解釈するのが無難だと思われます。また，交通事故以外の死亡リスク対策（例：大気汚染，水質汚染，熱中症）が

▼81——データの読み方においても書いたことですが，この際，なぜ交通事故死亡を対象とした推計が多数行われているのか（死亡形態は他にもあるというのに），ということを考える必要があります。それは，誤解を恐れずに言えば，道路をつくるためだと思われます（道路予算を正当化するためです）。だからこそ，紹介した重要な研究が国土交通省から発表されているわけです。ここまで推論できれば，こうした研究にどのようなバイアスが入り込みやすくなるのかということも理解できるはずです。

▼82——詳細は以下の文献を参照して下さい：末木新（2015）仮想評価法を用いた自殺対策への支払意思額の推定—大学生への横断的質問紙調査．こころの健康，30（1），42-51.

必ずしも低い統計的生命の価値につながっているわけではなく，こうした交通事故死亡以外の推計値と交通事故の推計値はほとんど変わらないからです。

　我々がなぜ自殺対策に投資をしたがらないのか，その理由は明確になっていませんが，私が行った自記式のアンケートの結果を見ると，「死にたいという気持ちがないから自分が自殺するとは思えない」「死にたい者を生かすためになぜ自分がお金を払わなければならないのか」といったコメントが多く寄せられます。つまり，実際に生起する確率（自殺の客観的な発生率）はともかく，事故のような自分の意図と関係のないものは自分の身に降りかかってくる可能性があると感じることができる一方，今現在死ぬ気がない人にとっては，自殺が自分と関係のある出来事だと感じることができないため，支払意思額が低くなるのだと推測されます。また，今現在「死にたい」と思っている人は，やはり支払意思額が低くなるため，どちらにせよ，自殺対策に投資をしようという考えには至らないということになります。

　交通事故死亡を基礎とした統計的生命の価値の推定の研究によれば，事故で死亡する人を一人少なくすることに対して，おそらくその人が稼ぐであろう「生涯年収」と同程度の金額をつぎ込んでも問題ないと我々は判断しています。その他の死因であっても，似たような結果が出ています。一方で，自殺死亡を基礎とした統計的生命の価値の推定の研究によれば，，自殺で死亡する人を一人少なくすることに対して，おそらくその人が稼ぐであろう「生涯年収の約7分の1」と同程度の金額をつぎ込んでも問題ないと我々は判断しています。

　仮に，統計的生命の価値に関する推計の研究結果（つまり，我々の主観・肌感覚）が正しいとすれば，自殺対策の経済的便益とは，「自殺を予防することによって，働ける間は働くことができるようになるために得られる生涯所得（稼働所得：賃金所得と自営業所得）の直近年次における現在価値（期待値）」ではなく，「自殺を予防することによって，働ける間は働くことができるようになるために得られる生涯所得（稼働所得：賃金所得と自営業所得）の直近年次における現在価値（期待値）の7分の1」となります。つまり，一年間の自殺による経済的損失は，4,600〜6,000億円ではなく，660〜860億円ということになります。仮に，自殺対策によってその内の3割の自殺が防げるとしても，得られる便益は200〜260億円ということになってしまいます。つまり，現在の自殺対策は十分経済的リターンを生み出しているとは言い難いということに

なります。せいぜい，投資に見合った金額程度のリターンしか生んでいないということです（適切な額の投資・運用がなされているとも言えます）。

　我々はどの程度の予算をつぎ込み，自殺対策を行うべきなのでしょうか？

第Ⅲ部

自殺を予防する

第**7**章

危機介入

「死にたい」にどう対応すべきか？

・・

▌世界にあふれる「死にたい」

　これまで見たように，自殺はある世界では犯罪でしたし，日本においても多くの場合は立派な死とされていたわけではなく，どちらかといえば恥とされ，隠されるものでした。であるからこそ，当然，個人個人の抱く「死にたい」という気持ちも，多くの場合は非常に重大な秘密として秘匿されてきました。仮にそのようなことを考えたとしても，それは他者から目に見えるものにはならなかったのです。

　こうした状況は，インターネット関連技術の普及による我々のコミュニケーション環境の変化によって，劇的に変わりました。Twitterなどのソーシャル・ネットワーキング・サービス（以下，SNS）を見れば，多くの人々が死にたいと思い，つぶやいていることを確認できます。これまで重要な秘密として隠され続けてきた「死にたい」は，匿名のコミュニケーションが可能な環境によって可視化され，我々は容易に「死にたい」に遭遇することになりました。私が過去に行った大規模なインターネット調査では，約2％のインターネット利用者が，インターネットを介して匿名他者に向けて自殺念慮を表現・吐露したことがあると回答しています。[83]また，SNS（Twitter）利用に関する調査においても，Twitterアカウントを有する若者のうち約4％はTwitter上で「自殺したい」

▼83────国内の大手インターネット調査会社の保有するアンケートモニターを対象にした調査（20〜40代の男女108,206名）では，10.1％がインターネットを介して自殺方法を閲覧したことがあり，2.2％が匿名他者に向けて自殺念慮を表現・吐露したことがあると回答しています。引用元：末木新・稲垣正俊・竹島正（2011）自殺関連行動とネット上の情報との関連についての研究．安心ネットづくり促進協議会調査企画作業部会平成23年度共同研究報告書．

とつぶやいたことがありました。[84] つまり，インターネット利用に親しみのある日本人の40代以下の世代においては，数％の人が死にたい気持ちをインターネット上で表現したことがあるということです。当然ながら，これを目撃したことがある人はその比ではない，ということになります。

これまでは隠されてきたはずの「死にたい」に出会うことがあまりにも多くなってしまったため，私たちはこう考えがちです。「死にたい」というのは口先だけで，どうせ死ぬことはないんだろう，そんなこと言ってかまって欲しいだけなんじゃないのか？

こうした考えはある意味で正しいものです。確かに，「死にたい」と言っている人が今日明日にも死んでしまう確率そのものは，相当低いはずです。もし仮に，どちらかに賭けなければならないとすれば，私は迷わず死なない方に賭けます。なぜならば，自殺率そのものは相当に低いからです。

一方で，「死にたい」気持ちを表現している人の自殺のリスクは，そんなことを言いもしない人に比べれば高いことも事実です。Twitter上で「死にたい」とか「自殺したい」とつぶやいたことがある人は，未婚で，恒常的に飲酒をし，精神科に通院しており，抑うつ度がとても高く，自傷行為・自殺念慮・自殺企図歴がある者が多く含まれていました。[85] ここまでの内容を理解している人なら分かるはずですが，これはつまり，ネット上で希死念慮や自殺念慮を表現する人は，自殺の危険因子を多数有する集団だということです。つまり，死にたいと言っているからといって今すぐに死ぬわけではないかもしれないが，長い目で見れば，自殺で亡くなる可能性はそんなことを言わない人と比較すれば高いということです。[86]

▼84——国内の大手インターネット調査会社の保有するアンケートモニター（20代の男女14,529名）に対する調査です。調査対象者全体のうちツイッターアカウントを有する者は8,147名（56.1％）おり，1,114名（7.7％）は過去に「死にたい」とつぶやいたことがあり，361名（2.5％）は「自殺したい」とつぶやいたことがありました。引用元：Sueki, H.（2015）The association of suicide-related Twitter use with suicidal behaviour: A cross-sectional study of young Internet users in Japan. *Journal of Affective Disorders*, 170, 155-160. doi:10.1016/j.jad.2014.08.047

▼85——Sueki, H.（2015）The association of suicide-related Twitter use with suicidal behaviour: A cross-sectional study of young Internet users in Japan. *Journal of Affective Disorders*, 170, 155-160. doi:10.1016/j.jad.2014.08.047

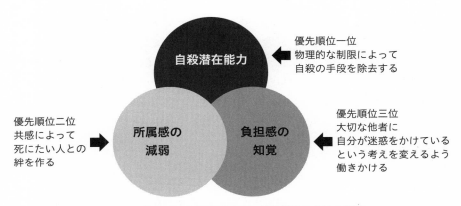

図 11　自殺の対人関係理論を用いた危機介入方法の整理

▌「死にたい」への対応方法

　第Ⅱ部でも見たように，死を考える人のあらゆる自殺を予防することに哲学的正当性はないように思えます。しかしながら，死は不可逆的なものであり，我々は必ずしも自らの欲求（この場合は死の欲求）を正確にとらえることはできないわけですから，そこには慎重な手続きが求められます。そして，死にたいと訴える人の話を聞いているうちに，その人は必ずしも自身が望むだけ生きたわけでもなく，死以外にも現状を変えてより良い生を送る方法があるように思える場合もあるはずです。それでは，そのような場合に，我々はどう対応すべきでしょうか。すでに見た，自殺の対人関係理論を使って，自殺への危機介入の方法について整理をしたいと思います。

　自殺の対人関係理論によれば，自殺の危険性は，自殺潜在能力，所属感の減弱，負担感の知覚という三つの要素から説明することができました（図11）。この中で，比較的変化する可能性が高いものは，所属感の減弱と，負担感の知

▼86───もちろん，今日明日にも死んでしまう人が少ないということは，そういう人がいないことを意味するのではなく，ごく少数の人は今日明日にも死んでしまうということを意味しています。

覚です。ただし，所属感や孤独感といった感情を主体とする問題と，負担感という認知や思考を主体とした問題では，前者の方がより変化しやすいと思われます。反対に，自殺潜在能力は変化しにくく，本人に働きかけることでこれを直接変化させるための具体的な方法は見つかっていません。以上を勘案すると，図11のような対応の基本的方針がたちます。

自殺潜在能力への介入
環境調整

　対応の優先順位第一位は，自殺潜在能力に介入することです。自殺潜在能力とは，自らの身体に致死的なダメージを与える力のことであり，この力を低減することは自殺のリスクを下げることにつながります。また，仮に死にたくなったとしても死にさえしなければ状況を変えられる可能性が残されることを考慮すると，真っ先に介入しなければならない項目ということになります。しかしながら，本人に介入をして直接的にこれを低減する具体的な方法については明らかになっていません。自殺潜在能力は，自殺潜在能力が上がるような事象（例：自殺企図）を起こさない時間を過ごすことによって，徐々に下がっていくことが想定されています。

　そこで，第一に考えるべきは，本人ではなく，周囲の環境を変えることによって，自殺潜在能力を低くするために何ができるか，ということです。なぜならば，どんなに自殺潜在能力が高い人間であっても，自分以外の道具の力を借りなければ，自分自身に致死的なダメージを与えることはできないからです。例えば，縊首を考えている人に対しては，首をくくることができる道具（例：ベルト）を生活環境から当面撤去するといったことが考えられます。過量服薬を繰り返しているようであれば，普段使う薬を本人ではなく家族が管理し，必要な時に必要な分だけ渡すといったことも考えられます。自殺の危険性の高い患者が入院している際には，見回り回数を増やす，首をつれるようなものを撤去する（例：カーテンレールを外す）といったことも考えられます。このように，物理的な変更を環境に加えることによって，自殺潜在能力を下げることがもっとも重要なことです。

　こうして考えてみると，「死にたい」と言っている人には，自殺の方法を具

体的に考えているのか，考えているとすれば準備はどの程度してあるのか，と
いったことを確認する必要があることが分かります。それがある場合は，準備
された手段を撤去することが最も効率的に自殺潜在能力を低くすることにつな
がるからです。自殺の手段について具体的に質問すると，寝た子を起こすかの
ような気がして恐くなるかもしれませんが，それはまったくの誤解です。

　ただし，この方策は必ずしも実行性が高いとは言いがたい側面もあります。
子どもはともかく，大人を四六時中見張っておくことや，行動を十分に制限し
きるように環境を整えることは現実には難しい場合も多いからです。そのため，
所属感の減弱や負担感の知覚に介入し，自殺念慮そのものが強まることを防ぐ
必要性が出てきます。

┃所属感の減弱への介入
┃共感・傾聴

　対応の優先順位第二位は，所属感の減弱に介入することです。所属感の減弱
とは，孤独感が強まっている状態のことです。そのためまず，「自殺したい」
と訴えている者がどこかに所属できており，自分が一人ぼっちではないのだと
感じられるようにすることが大事になります。

　どこかにと書きましたが，多くの場合は「自殺したい」「死にたい」と訴え
ている相手であり，もしあなたが大切な人から「死にたい」と言われて困って
いるとしたら，まさにあなたとその人との間に所属感が形成されるように努め
ることになります。最初の一人との所属感が形成されれば少し落ち着くことが
できるため，次の対応がとれるようになれます。そして，一人だけではなく，段々
とその人が助けれくれる人とのネットワークを形成できるように，網をはって
いく，ということになります。

　所属感の減弱へ介入する具体的な方法は，相手の話を共感的に聞くことです。
相手の話を丁寧に聞き，相手に自分が聞いているという事実が伝わるように，
相手が喋ったことを繰り返したり，話をまとめて伝え返すことになります。も
し相手が喋りたくないようであれば，無理に喋らせることはありません。一緒
に空間を共有し，無言の時間を過ごすことにも所属感を強める意味があるから
です。急がば回れという感じでしょうか。

表 8　自殺念慮が高まった者への対応に関する専門家の指摘のまとめ[87]

やった方がいいこと
打ち明けた人はあなただから打ち明けたということを自覚する
徹底的に聞き役にまわる（沈黙の場合はそれを共有する）
共感をする　例：「それは本当に大変だったね」など
場合によっては専門家（精神科医など）に助けを求める

やってはいけないこと
話題をそらす
激励する
社会的・一般的な価値観を押し付ける
叱りつける
批判・助言をする
質問を連発する

　話を丁寧に聞いて共感を示すというのは，やってみると案外難しいことです（表8）。例えば，「死にたい」などといったことを言われると，我々は話題をそらしたくなるのが普通です。死や自殺に関する話をすると，そのことにとらわれて余計に死にたくなってしまうのではないかという不安が話を聞いている側に生じるからです。しかし，これは誤解です。「死にたい」というのは人生における大いなる秘密であり，そう簡単に他者に伝えることができるものではありません。対面での場合，他ならぬその人だから（まさに，あなただから）勇気を持って伝えたのです。その時に話題をそらされたとしたら，より孤独感を強め，死にたい気持ちは増してしまいます。

　また，ついつい安易に励ましたり（例：つらいけど，頑張ろう），反対に一般的な価値観（例：命は大切にしないと）を押し付けてしまったりすることがあります。場合によっては，「そんなことは口にすべきではない」などと叱りつけてしまう人もいます。これらは往々にして良い影響を生みだしません。な

ぜならば，死にたい人は多くの場合すでに頑張って色々やっているし，一般的な価値観については十分理解しているからです。また，叱られれば（仮にその内容が正しいとしても）より気分が落ち込むのは当然です。分かっていることを言われることほど腹が立つのは，人間の常であり，反発を覚えることはあっても，孤独感が癒されることはありません。「勉強をしなさい」「勉強は大事」と親から言われた子どもを思い起こしてみれば，分かることです。このような小言を親から言われた子どもが，親との絆を強めたりすることがあるでしょうか。

　所属感の減弱に介入する方法は，共感的に話を聞くことしかありません。少し遠回りで時間がかかるように感じることもあるかもしれませんが，急がば回れです。個人的な経験では，「自殺したい」と言われてから長くても3時間ほどの時間話を聞けば，多くの場合，死にたい気持ちは少しずつ低減します。ただし，この手の作業には短くとも1時間程度の時間がかかるため，聞き手に時間の余裕が不可欠です。話の聞き手に時間がない場合，ゆっくりと耳を傾けることが困難になるため，十分な共感ができない可能性が高まります。

負担感の知覚への介入
認知療法

　対応の優先順位第三位は，負担感の知覚に介入することです。負担感の知覚とは，自分が親しい人の負担になっているという考えのことです。そのため，自分が親しい人や大事な人の負担になっているという考えを変えることが重要です。ケースバイケースですが，「負担になっている」ではなく，「負担になっている場合ばかりではない」とか，「他者の役にたっている場合もある」といった考えに変えるのが現実的だと思われます。

　ただし，これは所属感の減弱に介入が終わってからの話です。「死にたい」と訴える者と支援にあたる者との間に十分な信頼関係ができていなければ，以下に記すような対話を実施することはそもそも困難だからです。

　それでは，考え方を変えるとは一体どのようにすれば達成できるのでしょうか。一般に人間の考え方のパターンや癖を変えることは難しいものです。考えを変えるように介入することが大事といわれると，「あなたの考えはおかしい」「他の考え方もある」といったことをついつい言いたくなってしまいます。し

かし，「あなたの考えはおかしい」とか「もっとこう考えた方が良い」と言われただけで考え方を変えられるほど人間は簡単にはできていません。むしろ，「あなたの考えは違う」「考え方をこう変えた方が良い」などと言われたら，反論をしたくなるはずです。つまり，逆効果です。

　死にたいほど苦しい状況に置かれた人が周囲の人にとっての負担になっていることは一面の事実であることが多いものです。自殺の危険因子（例：精神障害，返済不能な多額の借金）を抱えた人は，確かに周囲の人の負担にある程度なっています。また，そもそも，周囲の人に迷惑をかけずに生きていける人などいません。そのため，「あなたは周囲の人の負担になっているわけではない」と言っても，反発を受けるだけです。

　考えに変化を起こさせるためには，相手の話を傾聴する中で，「負担になっている場合ばかりではない」とか，「他者の役にたっている場合もある」ことを示すような具体的なエピソードを見つけ，それを伝え返していくことが有効だと考えられます。人はお互いにある程度の負担をかけ合いながら生きていますので，そうしたエピソードを振り返りながら，自己を相対化させる視点を身に付けることで，人の考え方のパターンや癖は少しずつ変わっていきます。そのため，負担感の知覚は劇的に変わるわけではありません。

　このような人の考え方に介入する技法は，認知療法という心理療法として体系化されています。認知療法はうつ病などの各種精神障害に対する治療効果が認められており，自殺念慮の低減に有効性を発揮したという報告もあります。このあたりの事情についてより詳細を知りたい方は，認知療法に関する一般向けのテキストをまずは読まれることをおすすめします。

▌問題解決は有効か？

　自殺の危険が迫っている者に対応する際には，上記のような基本的方針にそってことを進めていくのが大事ですが，反対にあまり意味のある効果を生まない方針もあります。

　自殺の危険性の高い者に対応しようとする際に，多くの人はその人の抱える問題をなんとか解決しようと，問題解決に固執しがちになります。これは良い結果を生まないことが多いものです。確かに，死にたいと訴える人は多くの場

合，何らかの問題を抱えており，その問題から生じる苦痛を重要なものとして訴えます。そのため，話を聞いた者はその問題を解決しさえすれば，死にたいという気持ちも変わるはずだと考えます。

　ここからが悪循環の始まりです。なぜならば，死にたいほど辛い状況に陥っている者が抱えている問題はそう簡単に解決できないからです。他人がちょっと聞いて即座に解決できるような問題は，本人がとっくに解決しているはずです。複数の問題が複雑に絡み合い，即座に解決できないから死にたいほど辛い状況に追い込まれているということが多いものです。

　そして，問題解決にこだわる者は，共感・傾聴的対応を放棄しがちになります。問題を解決するためには状況の全体像をいち早くつかまねばなりませんが，そのためには質問を連発しないといけないからです。話の聞き手が質問をすれば，その分だけ相談者のペースで話をゆっくりと聞き，その存在を受け入れて所属感を高めるという作業をやる時間は減ることになります。そのため，孤独感は癒されず，自殺念慮は低減しません。その上，問題が具体的に解決しなければ，当然，自殺念慮に変化は起こりません。

　実際，筆者が自殺系掲示板の利用者に行ったアンケート調査でも，自殺のリスクの高い者は話を共感的に聞いてもらうことの方が，問題解決よりも役立つと答えていました。[88] 反対に，他者の話を聞き援助をするために掲示板にアクセスしているという者は，問題解決をすることが役に立つと考えていました。つまり，相談をする者とされる者との間には，何が役立つかの認識においてギャップがあるということです。

　平静な時は（相談にのる側は）問題解決を重視しがちになりますが，これは悪循環の始まりです。ここでも急がば回れの精神が重要であり，問題解決は先送りにしてもよいものです。ただし，これは問題解決をしないで良いということを言っているのではありません。問題解決は重要ですが，時期が問題なのです。死にたいという感情に振り回されていない時にこそ，冷静に抱えている問題への具体的手当をほどこしていくようにすべきであり，死にたい気持ちが高

---

[88]——末木新（2012）自殺系掲示板における書き込みの自殺予防効果の評価——利用者の動機の違いに着目して．自殺予防と危機介入，32（1），60-69.

まっている時には，まずはそれを落ち着かせなければなりません。

▌「死ねばいいじゃん」「死ぬ勇気もないくせに」となぜ言ってしまうのか

　ここまで死にたい気持ちを抱えた者への個別的対応／危機介入における基本方針を確認してきました。自殺の対人関係理論から考えれば，自殺企図の手段を物理的に撤去した上で，共感的に話を傾聴し，関係性を作ることが重要だということが分かりました。このような方針は，世界中の研究者が認めていることであり，自殺予防活動においてもっとも重要なことです。何も，私だけが言っていることではありません。

　共感的に話を傾聴することは大事ですが，共感や傾聴を行う者の中には，問題を抱え込みすぎたあげくに無力感に苛まれる人が多くいるようです。自殺予防に熱心に取り組むボランティアなどには特に多くみられますが，これはそのような一部の人間だけに起こる問題ではありません。例えば，私は大学教員として日頃から自殺に関する話を講義内ですることがありますが，学生から以下のような相談を毎年のように受けています。もちろんこれは，私が過去に受けた相談の経験から作った創作ですが，大筋はこのようなストーリーです。

　　「私が高校生だった時，友達が『死にたい』と言ってきたので，なんとかしようと思って，やさしく話を聞くようにしました。そうすると少しは落ち着くみたいで，一時的には良くなるのですが……いくらやっても『死にたい』と言う回数がいっこうに減らないんです。この授業でも，自殺予防では共感が大事と言っていたのに，おかしくはないでしょうか。

　　しばらくはやさしくしようと思っていたのですが，結局，私自身がそのことに疲れてしまって……最後には，『じゃあもう死ねばいいじゃん。どうせ今までみたいに，死ぬこともないんだし，死ぬ勇気もないでしょ』って言ってしまったんです。そんなこと本当は思ってなかったんですが……それ以降，その友人は『死にたい』と言わなくなりました。あの時，私はどうすれば良かったのでしょうか。共感をしていたのに，なぜうまくいかなかったのでしょうか。」

　こうした状態は，熱心で「善い人」ほど陥りやすいものです。しかし，共感的対応によって所属感を強め自殺念慮を低減したとしても，せっかくの所属先が疲れてしまい，倒れたり見放されてしまっては元も子もありません。自殺ハイリスクな人を支援していくことは仮に精神科の医師といった専門家であっても心理的負担が大きいことです。ましてや，専門家でなければなおさらです。

　こうした相談からは，一人で抱え込みすぎるのは良くない，専門家に相談すべきであるという教訓を導くこともできます。もちろんこれは重要なことであり，相談を受けることによって困った時には，家族を含めた身近な者はもちろんとして，医師やカウンセラーなど支援の専門家の力を借りることも必要です。

　しかし，そもそも死にたいと考えることそのものはそれほど珍しいことではありません。思春期・青年期は特にそのようなことを考えるものですが，多くの場合，2〜3割の若者は自殺について一度は考えます。そのような人を全員，精神科医に抱えてもらうわけにはいかないわけですから（医師の数が全然足りません），我々は身近な者同士である程度は助け合っていく必要があります。

▎オペラント条件づけ

　そもそもこのようなことはなぜ起きるのでしょうか。少なくない数の人がこのような悪循環で困っているとすれば，そこには普遍的な法則があるはずです。

　このような事態の原因を理解し，対処方法を導き出すために一つの心理学的理論が役に立ちます。それが行動分析学におけるオペラント条件づけの理論です。オペラント条件づけとは，人間の行動（生理的反応は除く）の生起・消失を説明する理論で，以下のような少数のルールから成り立ちます。

　　法則1. ある行動の直後に好子が出現した場合，その行動の生起確率は高まる（強化）
　　法則2. ある行動の直後に嫌子が出現した場合，その行動の生起確率は低まる（弱化）
　　法則3. ある行動の直後に好子が消失した場合，その行動の生起確率は低まる（弱化）
　　法則4. ある行動の直後に嫌子が消失した場合，その行動の生起確率は高

　　　　まる（強化）
　法則5．ある行動の直後に好子／嫌子の出現／消失が起こらなかった場合，
　　　　その行動の生起確率はやや低まる（消去）

　好子や嫌子というのは専門用語ですが，ここでは単純にその人にとって好きなもの（快感）や嫌いなもの（不快）と考えてもらえればと思います。[89]
　例えば，毎日私は勤務地の駅で降りると缶コーヒーを買います。自動販売機にお金を入れてボタンを押すとコーヒーの缶が出てくるわけですが，お金を入れてボタンを押すという行動の直後に好物であるコーヒー（好子）が出てくるため，私は毎日のようにそこで買い物をすることになります。これは法則1に則ったものです。もし仮に，お金を入れてボタンを押してもコーヒーが出て来なかった場合，これは法則5（行動の消去）に該当する事態となります。そのため，私はしばらくその自販機でコーヒーを買う行動をしなくなるはずです。この程度のことをこれらの法則は示しています。
　念のため，他の法則の具体例も挙げておきます。例えば，ストーブを触って（行動）火傷（嫌子）をしたら，そのストーブに触らなくなります（法則2）。車の運転でスピードを出しすぎ（≒アクセルを踏み込みすぎ）（行動），罰金をとられたら（お金という好子の消失），しばらくは車を慎重に運転する（アクセルをあまり踏まなくなる）ようになります（法則3）。消臭スプレーをかけて（行動）ブーツについた足の匂いがなくなれば（嫌子の消失），またその消臭剤を使うはずです（法則4）。これらは，日常的な行動からも当然と思われることですが，実験的にもきちんとこの法則が我々の行動を制御していることが示されています。

▌条件づけの原理から見た悪循環

　先ほどの死にたいという訴えに関わる悪循環（相談の抱え込みと支援者のバーンアウト）がなぜ生じるのかという問題について，オペラント条件づけの法則

▼89――正確には，ある行動をした直後に特定の環境変化があり，その後にまた同様の刺激に応じて同じ行動をするのであれば，その環境の変化は本人に満足／快をもたらしたものであり，好子が出現／嫌子が消失しているということが分かります。

から整理してみると以下のようになります。

　相談者はストレスが高まるといった何らかのきっかけに応じて,死にたいということを頻繁に訴えています。なぜならば,死にたいと言うという行動をとると,その後に,話を丁寧に聞いてもらえる(好子の出現),友達が優しくなる(好子の出現),自分がするべき義務がなくなる(嫌子の消失)といった事象が随伴するからです。これらはすべて,直前の行動を強化します。そのため,行動のきっかけとなったストレッサーがまた生じれば,同じように「死にたい」と口に出すことになります。頻繁に死にたいと言うという行動はこのようにして形成・維持されています。

　反対に,相談を受けていた側はどうでしょうか。しばらくの間,相談を受けている側は,死にたいという訴えがあると,丁寧に話を聞くという行動をとっていました。これは,話を聞いた直後に,人を助けたことによって自尊心が高揚する(好子の出現)といった要因によって共感的に話を聞くという行動が維持されていたためだと考えられます。しかし,最後には,爆発してしまい,共感的な対応をしなくなります。死にたいと言われて何度話を丁寧に聞いてもまた死にたいと言われるという状態は,法則5(行動の消去)に該当するからです。つまり,やっても相手や環境に変化が生じない行動を人はいずれやらなくなります。この学生が「じゃあ死んでみろ」と暴発してしまったのも,無理はないことです。

　最後にもう一度,相談者側に戻ってみます。死にたいと言った直後に,じゃあ死んでみろと罵倒されれば(嫌子の出現),法則2により,その行動が再度生じる可能性は低くなります。おそらく,相談者側が抱えていた問題状況は変化していなかったでしょうから,死にたいと訴える相手すらもいなくなった相談者の自殺のリスクはさらに上がったはずです。もちろん,所属感が減弱しただけではすぐに死なない可能性は高いわけですが。

▌悪循環からの脱出方法

　それでは,相談を受けた側はどうすれば良かったのでしょうか。

　解決策として第一に思いつくのは,死にたいと言うという行動を引き起こしているきっかけとなる問題を解消することです。しかし,すでに述べたように,

死にたいほど辛い人が抱える問題をすぐに解決するのは容易ではない場合が多く，必ずしもこれがうまくいくわけではありません。

　次に考えられるのは，死にたいと言った時のみに共感・傾聴等の援助を与えるのではなく，死にたいと言うかどうかとは関係なく（死にたいと言っていない時にも），その人に共感・傾聴を提供するようにするということです。死にたいと言っても言わなくても共感や傾聴が提供される場合，法則5が当てはまる状態になるため，死にたいという訴えは自然と消去されていくこととなります。このようにすれば，むやみやたらに「死にたい」と訴え，自分も相手の行動が変わらないためにバーンアウトするという悪循環を防ぐことができます。

　そして，相談者が社会に適応して生きていくという観点から望ましい行動をした後に，さらに援助をする（好子の出現）といった形をとることができればなお良い形になります。なぜならば，法則1によって，その社会的に見て望ましい行動が強化され，生きやすい人生を歩みはじめるからです。

　これまでの話から分かることは，実は「死にたい」と頻繁に訴える困った人を作り出しているのは周囲の人だということです。近年，死にたいと頻回に訴えたり，リストカットの傷跡などを見せてくる者を「メンヘラ」とレッテルを貼ってさげすむ傾向があります。メンヘラは確かに問題解決能力やストレス耐性が平均的な人よりは低いかもしれません。しかし，メンヘラは，最初からメンヘラだったわけではなく，周囲の対応の仕方によってメンヘラ的振る舞いをすることが強化された結果，メンヘラに仕立て上げられたわけです。それは，ここまで見た死にたいという訴えにまつわる悪循環の事例からも明らかです。自分の周囲の人間を困った人とさげすむ者は，人間の行動が環境や他者との相互作用の結果として生じる点を見過ごしているとともに，自らの振る舞いの問題点にも気づいていないということです。

自殺予防の鉄則
不確実性に耐えながら関わり続ける

　自殺を防ぐために最も大事なことは，関わりを絶やさないようにすることだということです。ご理解いただけるはずだと思いますが，これは精神論や標語のようなものではなく，ここまでの話から必然的に生じる帰結です。実は，こ

こまでに説明したような小難しい危険性の評価や対応について考えなくても，自殺はほとんどの場合において発生しません。なぜならば，自殺はそもそも発生確率が低い事象だからです。そのため，「死にたい」と訴える者への対応については，その成果が見えづらいものとなります。というのは，適切な対応をしようがしまいが，ほとんどの場合相手は死なないという点で同じ結果が返ってくるからです。その方法が面倒で明瞭ではなく，やってもやらなくても同じ結果が返ってくるのであれば，人はその行動（この場合，自殺予防）をやらなくなります。これは，オペラント条件づけの「法則5. 行動の消去」からも明らかです。

　自殺予防的対応をしなくなると，自己正当化のために，「死にたい」という訴えは，「どうせかまって欲しいだけ」「どうせ死ぬことはないから適当にあしらっておけばよい」という思考が誘発されるようになります。自身の行動を合理化するということです。そうなると，「死にたい」と訴える者と援助者との関わりはさらに薄くなります。結果として自殺リスクは高まっていき，どこかで決定的なことが起こります。天災は忘れた頃にやってくると同じパターンです。

　このような陥穽にはまらないためには，関わり続けることが大事です。結局のところ，自殺予防の完全な方法は現在のところ開発されていないのだからと開きなおることも大事かもしれません。完全で確実な方法が分からないという辛さを抱えたまま，とりあえず関わり続けることがベストな自殺予防方法なのです。反対に言えば，自殺のリスクを抱えた者を回避し，遠ざけておくことが，最も自殺のリスクを高める確実な方法となります。回避と無関心こそが人を死に追いやるということです。

第**8**章

自殺対策

有効な政策はどのようなものか?

··

▌GKB47に見る根深い勘違い

　2012年，政府が毎年行っている3月の自殺対策強化月間におけるテーマが「全員参加」，キャッチフレーズが，「あなたもGKB47宣言！」に一時決まり，その後批判により撤回されるということがありました。もうだいぶ昔のことになってしまい，覚えている人も少なくなってしまったかもしれません。GKB47はもちろんキャンペーンを展開するアイドルのAKB48から来ていたわけですが，「ゲートキーパーベーシック」（Gate Keeper Basic）の頭文字をつなげたものと説明されました。47は都道府県の数であり，日本各地にあまねくゲートキーパーのことが知れ渡るように，という意味合いだったと思われます。

　批判の中心は，自殺対策という深刻な問題にアイドルグループの名前をもじったキャッチフレーズをつけるという軽さにあったと思われます。もちろん，そもそもGKB47というものが何を意味しているのかがパッと分からない，GKBはゴキブリを意味しているなどの批判もあったようですが，私は，こうした批判の中で見過ごされた点に，大きな問題があると感じました。

　ゲートキーパー活動とは，自殺ハイリスクなコミュニティ（例：軍隊，田舎の山間部）におけるキーパーソン（例：医療・福祉関係者，教員，警察官や消防員など地域の核になる人）に自殺に関する教育を施すことを通じて，当該コミュニティ内の自殺ハイリスク者を早期に発見し，適切な支援を行うことで自殺予防を行う対策のことです。このゲートキーパー活動の自殺予防効果には一定のエビデンスがあり，そもそも効果の研究に乏しい自殺対策の中では，稀有な存在だと見なされています。

　この政策から分かるように，これは全員参加といったコンセプトとは大きくずれています。ゲートキーパー活動の自殺予防効果を裏付ける研究はそもそも

軍隊や特定の自殺多発地域などを対象として実施されているのであり，国民全員に対して訴えかけるようなものではありません。後述しますが，これは，自殺対策における全体的予防戦略と選択的予防戦略を混同しているという重大な問題をはらんでいます。つまり，この問題は，GKBというネーミングセンスやアイドルを使った自殺対策の啓発といった点が批判の対象となったわけですが，そもそも効果のある自殺対策の中身（この場合，ゲートキーパー活動の詳細な内容）への理解が政策立案者にすら浸透していなかったという意味で，私にはより深刻な事態に見えました。[▼90]

　そして，自殺予防におけるゲートキーパー活動を誤解している人は現在でも多いというのが現状です。これはGKBに関する話だけではありません。ゲートキーパー活動は，全員参加，助け合い，相談しやすい環境を作る，といった聞き心地の良いフレーズに変換されることが多いものです。こうした理解は，完全に間違っているわけではないものの，効果の確認されている実践の内容とずれたものになっており，使用者によって都合よく解釈がなされています。

　限りある財源を有効に使った自殺対策を実施したいと思うのであれば，どのような対策がなぜ効果を発揮する可能性があるのか，その政策が対象としている自殺の危険因子は何なのかをきちんと整理した上で，身の回りの地域やコミュニティ内で実践を行うことが必要です。

▎自殺予防戦略

　自殺予防の方法や手段について系統的に整理する方法は大きく分けると二つあります。それは，誰に対して実施するかという観点から分ける方法と，いつ・どの段階で実施するのかという観点から分ける方法です。前者は，ヘルス・プ

▼90────批判を受け，「あなたもGKB47宣言！」というキャッチフレーズは，「あなたもゲートキーパー宣言」に変更されるのですが，国民全員を指すと思われる「あなた」をゲートキーパーにすると変更した時点で，ここでもゲートキーパー活動の内容が誤解されていることが見てとれると思います。繰り返しになりますが，ゲートキーパーは誰でもがなれるようなものではなく，自殺ハイリスクなコミュニティにおけるキーパーソンがなるべきものだからです。そんなに簡単に誰もが自殺ハイリスク者の状態の評価ができるのであれば，苦労はありません。

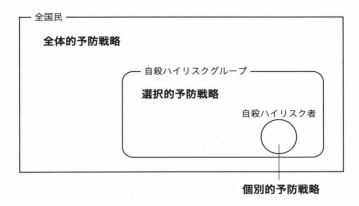

図 12　自殺予防ターゲットごとの戦略の分類

ロモーションの考え方から生じたもので，後者は古典的な公衆衛生・予防医学の発想から生じたものです。

　図12は自殺予防を誰に対して実施するのかという観点から，自殺予防の方法を系統的に分ける考え方を図示したものです。この考え方では，自殺予防の戦略を，全国民（全体的予防戦略，Universal prevention strategies），自殺ハイリスク・グループ（選択的予防戦略，Selective prevention strategies），自殺ハイリスク者（個別的予防戦略，Indicated prevention strategies）と三つに分けて考えます。自殺は比較的稀な現象であり，ほとんどの人は自殺以外の方法で死亡します（現在の日本の場合，約98％は自殺以外のかたちで亡くなります）。そのため，全国民を対象とした予防戦略だけに偏らず，自殺によって死亡する確率が高いグループや個人を対象として自殺予防活動を展開していく必要があるという発想がその根底にはあります。

　一方で図13は自殺予防をいつ・どの段階で実施するのかという観点から，自殺予防の方法を系統的に分ける考え方を図示したものです。この考え方では，自殺予防の戦略を，自殺関連行動が生じるまで（プリベンション，事前予防），自殺関連行動が生じている最中（インターベンション，危機介入），既遂自殺が生じた後（ポストベンション，事後対応）と三つに分けて考えます。既遂自殺が生じるまでの時間的な流れにそってモデル化されているため直観的に理解

図13　自殺予防の三段階

しやすいという利点を持ちます。プリベンション（事前予防）は全体的予防戦略と選択的予防戦略に，インターベンション（危機介入）は個別的予防戦略に，ポストベンション（事後対応）は選択的予防戦略に概ね対応しています。

　ポストベンションについて補足的な説明を行っておきます。ポストベンションは自殺が生じてしまった後に自死遺族に対して行うケア全般のことを指しています。自死遺族になるということは，身近で大切な人を失うということであり，孤独感が急速に高まります。また，経済的苦境が同時に生じることもしばしばあります。自死遺族は自殺ハイリスクな状態に置かれる可能性が高く，次の自殺予防のターゲットとなるということです。そのため，ポストベンションは，単に自殺の悲しみを癒す機能を持つ活動のみを指すわけではなく，次の自殺を防ぐプリベンションの第一歩であり，選択的予防戦略の一つに位置づけられることになります。

　昨今では前者の区分けを用いて自殺対策の全体像を説明することが多いように思います。それは，誰をターゲットとして対策を立てようとしているのかを明確にした方が，介入する自殺の危険因子をはっきりとさせやすいからだと思われます。そこで本書も，全体的予防戦略，選択的予防戦略，個別的予防戦略の三つの観点から各対策の詳細を見ていくこととします。個別的予防戦略は前章の内容になりますので，以下では，全体的予防戦略，選択的予防戦略の順に，どのような自殺対策があるのかを見ていきます。

▌全体的予防戦略

　全体的予防戦略とは，全政策対象者（日本国政府であれば，日本国民）に届くように計画される予防戦略で，国民全体の中に偏在する自殺死亡リスクを低減する働きかけのことを指しています。例えば，医療保険制度を整え，身体的・心理的ケアを行う援助機関へのアクセスを容易にすることなどが挙げられます。

　自殺対策の上で最も重要な全体的予防戦略は，自殺方法へのアクセスを困難にすること（自殺潜在能力を高めないこと）です。[91] なぜならば，人は死にたくなった時にも死ぬ方法がなければ死ねず，死なない状態がしばらく維持されれば，死にたいという衝動がおさまる可能性が高いからです。自殺方法へのアクセスを困難にするという対策は，最も頑健なエビデンスを持つ自殺対策の一つです。[92]

　自殺方法へのアクセスを困難にするという方法には実に多様な方法があります。それは，国や地域，その時代によって取られる自殺方法が多様だからです。例えば，日本では縊首が最も多い自殺方法ですが，銃社会であるアメリカでは銃による自殺が多くなります。そのため，アメリカでは銃の所持率を下げる，銃購入のコストを上げる，購入に際して待機期間を設けるといった政策をとることで，自殺率を減らすことができますが，日本ではこのようなことをしても自殺対策にはなりません。

　日本では1950年代には農薬の服毒自殺が多かったようです。パラコートという毒性の強い除草剤が服毒に用いられることが多かったのですが，農薬による自殺は第二次産業・第三次産業が発展していない国々でしばしばみられる現象です。使用される農薬の毒性を弱めることによって服毒自殺を減らすことも，自殺方法へのアクセスを困難にという政策に該当します。

　日本を含む東アジアでは練炭を使った一酸化炭素中毒による自殺が2000年代に入ってから急速に増加しましたが，このタイプの自殺にも同様の政策がと

▼91——メディアの適切な自殺報道も重要な全体的予防戦略ではありますが，メディアの問題は次章で扱うため，ここでは除外しています。

▼92——どのような自殺対策にどの程度の自殺予防効果があるのかという点については，以下の文献が参考になります：世界保健機構（著），山内貴史・稲垣正俊（訳）（2011）エビデンスに基づく自殺予防プログラムの策定に向けて．自殺予防総合対策センターブックレット，no.9.

られ，その自殺予防効果が確認されています。練炭自殺が流行した香港では，食料雑貨品店の商品棚で練炭を販売せず，店員に声をかけなければ練炭を購入できないようにしました。些細なハードルでありますが，この政策を取り入れた地域はそうでない地域よりも自殺が減少したようです。

　その他，ホームドアの設置による飛び込みの防止，橋やビル等の飛び降りの名所にフェンスを設けること，薬物の包装方法の改良（過量服薬の減少）といったものも，自殺や自殺関連行動を減少させる効果を持つことが明らかになっています。

　こうした対策への疑問・批判は大きく分けると二つあります。

　一つ目の疑問は，ある自殺方法へのアクセスを難しくすると，別の自殺による自殺者数が増え，結果として自殺は減らないのではないか，というものです。この指摘を支持するような研究結果は現在のところ得られていません。つまり，他の自殺方法による自殺は増えず，自殺そのものが減少するということです。

　なぜ他の自殺方法が増えないのでしょうか。その理由は必ずしも明確になっていませんが，原因は二つほど推測されています。一つ目は，時間が解決してくれるというものです。最初に選択しようとした自殺方法が選択できなかった場合，次の自殺方法を探し，手に入れるまでの時間を稼ぐことができます。その間中ずっと自殺に至るほど死にたい気持ちが強い状態で維持されるとは限りません。自殺念慮には波があるからです。また，他者の支援がその稼がれた時間の間に手に入り，状況が変わることもあるかもしれません。二つ目は，自殺方法を乗り換えることは比較的難しいということです。最初に取ろうと思っていた自殺方法を実施することが困難だと分かったからといって，急に別の方法で身体に致死的なダメージを与えようと考えたとしても，そこには別種の恐怖が待っているはずです。また，第Ⅱ部でも確認したように，自殺の選択はある種のヒューリスティクスや習慣的思考に従ったものである可能性が高いものです。つまり，ある行動が物理的に制限されてとれなくなったからといって，急遽予定変更ができるような類のものではないということです。

　二つ目の疑問は，自殺方法へのアクセスを難しくするという対策には，やりやすい自殺方法とやりにくい自殺方法があり，後者の方法による自殺を劇的に減らすことは難しいのではないかというものです。銃の規制は法的に可能な場合もあるかもしれませんが，縊首に使う道具は極めて多彩であり，それをすべて制限するなどということはできません。おそらく居住環境や建物構造も縊首

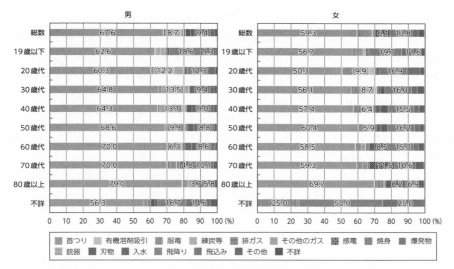

**図 14　平成 30 年における男女別・年齢階級別（10 歳階級）・自殺の手段別の
自殺者数の構成割合[93]**

という方法の選択に影響を与える要因の一つではありますが，それを制限した
り，変更を加えることは短期的にはほとんど不可能です[94]。つまり，自殺方法へ
のアクセス手段を困難にすることが困難だということです。仮に，日本のよう
にその国における自殺の多数を占める方法を物理的に制限することが難しけれ
ば（図14参照），このような対策の効果は残念ながら限られたものになります。

選択的予防戦略

　選択的予防戦略とは，全政策対象者の中でも，自殺の危険因子を有すると思

▼93——厚生労働省（2019）令和元年版自殺対策白書．https://www.mhlw.go.jp/wp/hakusyo/
jisatsu/19/dl/1-6.pdf

▼94——縊首をするためには，相当重い物体をつるすための梁のようなものが必要ですが，竪穴式
住居のようなものを想像すれば，それがいつの時代に誰の家にでもあったわけではないこ
とは容易に想像がつきます。

われる集団に対して援助につながりやすい環境を提供し，自殺を防ぐ試みのことを指しています。自殺の危険因子を有すると思われる集団とは，例えば，戦争・紛争・災害（含む自然災害）に巻き込まれた人，性的マイノリティ，虐待歴を持つ人，ひきこもり等の孤立した人，自殺企図を繰り返す人などが挙げられます。詳細は第I部を参照して下さい。

　自殺対策の上で最も重要な選択的予防戦略は，すでに紹介したゲートキーパー活動と呼ばれるものです。ゲートキーパー活動とは，自殺のサインに早期に気づき，適切な援助資源へとつなげる活動のことを指しています。ゲートキーパーは，自殺という一度行ったら戻ってくることのできない門の前に立つ門番をイメージすればよいわけです。この活動については，自殺ハイリスクな集団の中にいるキーパーソン（ゲートキーパー）に自殺の危険因子・アセスメント方法・対応方法等の教育を行うことが自殺率を低減させるということが明らかになっています。具体的には，自殺が特に多い地域のかかりつけ医などがゲートキーパーに相当します。

　GKB騒動のこともすでに書きましたが，ゲートキーパー活動は昨今，自殺対策の文脈で取り上げられることの多い政策となっており，内容に関しては誤解されています。「みんながゲートキーパー」のようなCMはただの啓発活動であり，ゲートキーパー活動とは何の関係もありません。

　ポストベンションの考え方に代表されるように，自死遺族支援は選択的予防戦略の一つに位置づけられます[95]。ただし，自死遺族の心理状況や，どのような支援が効果的なのかという点については十分な研究蓄積があるとは言い難い状況です。自死遺族に生じる問題は，悲嘆反応のような心理的なもののみならず，故人の死後の法的および行政上の諸手続，家計や経済上の問題，就労や学業問題といったようなより広範なものが含まれます。さらに，社会的偏見や周囲の誤解から生じる孤立，死の原因を起因とする家族内の軋轢の発生，周囲の人から受ける二次被害といった問題も発生する可能性があります。つまり，自死遺族支援は単なるメンタルヘルス対策だけでは十分ではないということです。

▼95──ポストベンションは心理学的剖検調査で自死遺族にインタビュー調査をすることを介して，遺族の苦しい状況が明らかになり，自殺予防戦略の一つに含められることとなりました。

　自死遺族支援のため，自然発生的に，あるいは行政が設置した自死体験の分かち合いの会といったものがある地域は少なくありません。同じような問題を抱える人がいるという共同体意識の醸造（孤立感の減少），抱える問題への解決方法のアドバイスが得られること，回復者（ロールモデル）の観察，感情表現の場を得ること（安心して悲しめる場所の確保）といった効果が得られる場合も多く，こうしたものに向いている人には重要な癒しの場となっています。

なぜ効果が分からないか
自殺予防戦略の効果の検討方法

　ここまで各種の自殺予防戦略を総覧し，自殺を予防する効果が認められているいくつかの介入戦略について紹介をしました。自殺予防効果の認められている戦略は少ないというのが，読者の皆さんの率直な感想ではないでしょうか。それでは，どうしてこのようなことになってしまっているのでしょうか。

　通常，何らかの介入や操作（原因）が人間の行動（この場合は自殺）に影響を与えているかどうかを検討する時には，実験を行います。[96]科学的な実験には様々なものがありますが，心理学や精神医学などの領域において人間の心理や行動を対象に実験を行う場合，図15のようになります。

　特定の自殺予防戦略の有効性について検討する場合を考えてみると，以下のようになります。まず初めに，実験に協力をしてくれる人を集めます。そして，それをランダムに二つに分けます。片方には効果を検討したい自殺予防戦略を適用して，介入を行います。もう片方にはそれを行いません。その後，しばらく経過を観察し，それぞれの群でどの程度自殺が生じるかを観察します。仮に当該自殺予防戦略を適用した群の方が自殺が生じる件数が少なくなれば，その戦略には自殺予防効果があったと言うことができます。これが実験の進め方の概要です。

▼96———自殺もそうですが，必ずしもすべての事象について実験によって研究を進めることはできません。実験という手法がとれない場合には，それよりも因果推論の精度は落ちるものの，他の手法を使うことは普通のことです。このような研究手法にともなう因果推論の明確さの問題については，以下の文献が参考になります：中室牧子・津川友介（2017）「原因と結果」の経済学——データから真実を見抜く思考法．ダイヤモンド社．

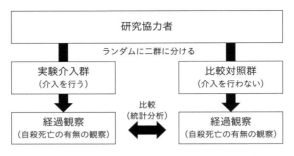

図 15　人を対象とした実験のデザイン

　しかし，これを具体的に実行しようとした場合，自殺という現象の持つ特徴
から様々な困難が生じます。
　第一の問題は，自殺が稀な現象であるため，研究協力者が膨大な数必要とな
るということです。経過を観察しそれぞれの群で自殺がどの程度生じたのかを
確認しなければならないわけですが，自殺は10万人の人を1年間追跡しても
20件程度しか起こらない事象です。最後には，二群の間に差があるのかどう
かを統計的な処理により検討しますが，この処理を行うためには膨大な人間を
追跡する必要が生じることとなります。しかし，これは多くの場合，金銭的・
人的資源の問題により不可能です。
　こうした問題を避けるために，自殺ではなく自殺念慮や自殺企図などを測定
することも試みられていますが，自殺念慮や自殺企図を有する人が必ずしも既
遂自殺に至るわけではないため，それだけでは十分に自殺を防ぐ効果があると
科学的に認めることは難しいという問題があります。
　第二の問題は，特に全体的予防戦略や選択的予防戦略の効果を検討する時に
生じる問題ですが，そもそも，研究協力者をランダムに二群に分けることがで
きないという問題です。研究協力者をランダムに二群に分けるのは，比較をす
る二群について介入をした・していないという部分を除いて等質にするためで
す。介入をしたかしていないかという部分以外の要因が同じであれば，結果と
して生じる自殺発生数の差の原因を介入に帰属できるからです。反対に，ラン
ダムに分けるといった二群を等質にするための処置ができなければ，結果を引
き起こした本当の原因が何なのかが分からなくなってしまいます。

　全体的予防戦略や選択的予防戦略の効果を検討する際には，多くの場合，介入を行う地域・コミュニティと，介入を行わない地域・コミュニティの自殺率の経過を比較することになります。しかし，介入を行う地域とそうでない地域をランダムに選定することは難しいものです。それほど広範な協力体制を構築することができないからです。ゲートキーパー活動や自殺方法の制限といった自殺対策の中では効果があると言われているものですら，実はこうした実験はクリアしていないというのが現状であり，介入とその効果の間の因果関係についてはなお不明瞭な部分も残っています。

　第三の問題は，倫理やリスク管理の問題です。自殺は不可逆的な事象であるため，一度ことが起きてしまうとどうやっても取り返しがつきません。実験を企画する研究者も人の子であり，こうしたリスクをなるべく取りたくはないと考えるのは自然なことです。そのため，自殺に関する研究に関わる者はそれほど多くありません。また，自殺をターゲットとしていない薬物や心理療法の効果の検討実験では自殺の危険が高い者がそもそも対象から除外されてしまうといったこともしばしば起こります（その方が参加者も研究者も「安全」だからです）。

　こうした問題が複合した結果として，効果が明確に分かっている自殺予防戦略がそれほど多くはない状況が続いているというのが，現状です。効果的な自殺予防戦略について分かっていることは上述した通りです。今後，様々な取組がなされ，その効果の検証が積み重ねられることによって，より良い戦略も生み出されていくと予想されますが，それには今しばらく時間がかかるかもしれません。

▍自殺対策の歴史を振り返る

　本章後半では，現状の日本における自殺対策の課題をいくつか指摘しておきたいと思います。そのために，まずはここまでの歴史・経緯を簡単に振り返っておきます。

　日本における自殺対策の歴史は浅いものです。とはいえ，これは日本だけの問題ではなく，世界各国共通のものです。自殺という死亡形式への予防意識は，他の形式の死亡者数がかなりの程度まで減少しない限り，高まらないからだと

思われます。日本における死因の上位を見ていくと、戦後すぐの時期は結核であり、その後、1950年頃からは脳血管疾患になります。1980年頃からは悪性新生物（いわゆるガン）になっていきます。つまり、まず初めに感染症対策が行われ、次に、いわゆる生活習慣病のような慢性疾患の予防に注力していったということです。交通事故死亡者数が最も多かったのは1970年であり、その後、右肩下がりに減少しています。現在では、年間の交通事故死亡者数は3,000人台であり、自殺者数よりもはるかに少ない数となっています。つまり、他殺は古来より厳格に禁じられ、次に病死、事故死、の順にリソースが割かれていったということです。自殺対策は、その後にきたものです。こうした傾向は、世界中どこを見ても大きくは変わりません。

　そのため、他の死亡対策が十分に進んでいない時期においては、日本における自殺対策は、若者の自殺が増加すると一時的に注目が集まるものの、それが減れば関心はすぐに縮小し、継続的な対策がなされることはないという状況が続いてきました。

　例えば、第一次自殺急増期（1950年代半ばから1960年頃）は若者の自殺が爆発的に増加した時期であり、1959年の厚生白書には[97]、若者の自殺の増加を受け、自殺に関する記述が登場しました。具体的には、自殺の原因は厭世感であり、その背景には貧困・病苦・事業の失敗があるといった記述がなされたようです。しかし、1960年代に入り自殺者数が減少するとともに、自殺への社会的関心は薄れていきました。もちろん、これといった自殺対策が実施されたという様子はありません。

　東京オリンピック（1964年）から大阪万博（1970年）あたりは、戦後日本において自殺が顕著に少なかった時期です。こうしたイベントの特需もあり、1968年には当時の西ドイツを抜いてGDPは世界2位になりましたが、1970年代に入ると、60年代に比べて自殺率が上昇傾向を示しました。若年世代の自殺も同様に増加をしました。1970年代前半の若者の自殺の増加を受け、1979年には総理府青少年対策本部が、青少年の自殺防止を目的として関係省庁連絡

▼97───1956年は経済白書に書かれた「もはや戦後ではない」という言葉が流行した時期であり、すでに第二次大戦前の経済水準を回復していました。

会議を開催しました。結果としてまとめられた自殺防止の要点 5 項目（自殺の原因の究明，学校・家庭での生命尊重教育，問題青少年の早期発見と保護，青少年の団体加入促進等による孤独感の抑止，自殺に関するマスコミ報道の自粛・協力）は都道府県知事らに通知されるに至りました。しかし，79 年当時，若年層の自殺はすでに減少傾向にあり，若者の問題の中心は自殺ではなく非行に移っていました。刑法犯少年の検挙人員のピークは 1983 年であり，『スクール☆ウォーズ』の放映スタートは 84 年です。そのため，79 年に通知された自殺対策が具体化することはほとんどなかったようです。

　1980 年代中頃は第二次自殺急増期であり，中高年男性の自殺者数が増えた時期でした。これを受け，昭和 60 年版「厚生白書」には壮年期の自殺者の増加が取り上げられ，職場や地域における相談体制の整備等の心の健康づくりの推進が強調されました。しかしながら，またしても政策的に具体的な動きが生じることはありませんでした。80 年代後半のバブルの発生で社会全体が浮かれた状態となり，自殺のことなど顧みられることはなかったというのが実情かもしれません。

▍国際的な自殺対策発展の流れ

　一方で 80 年代は国際的にみると，自殺対策が発展した時期でした。現在各国で行われている，国家レベルでの自殺対策の萌芽が生まれた時期だったと言ってよいかもしれません。

　その背景には，70 年代から起こった医療活動の方針転換があります。具体的には，高度医療からプライマリ・ヘルス・ケア（予防を含む一次医療）の重視へ，疾病予防から健康増進へ，という流れの変化です。1975 年の世界保健機関執行理事会ではプライマリ・ヘルス・ケアの推進決議がなされ，77 年の総会では「西暦 2000 年までに全ての人々に健康を（Health for All by the year 2000）」という目標が満場一致で決定され，その手段としてプライマリ・ヘルス・ケアが位置づけられました。そして，「西暦 2000 年までに全ての人々に健康を」という目標を達成するための具体的な行動計画・戦略は，1986 年のオタワ憲章として結実しています。この行動計画は欧州の各国がリードして作成されましたが，84 年にまとめられた政策文書の目標の一つには，自殺および自殺未

遂の上昇傾向を反転させるという文言が組み込まれました。

　こうした流れにいち早く反応したのが，北欧の小国フィンランドです。現在でこそ北欧は自殺対策の進んだ国というイメージがありますが，自殺対策の始まる前（1985年）のフィンランドの自殺率は10万人中約28人であり，若者の自殺率が高い状況にありました。このような状況から自殺対策の必要性が認識されていたということもあるようですが，この動きの速さには，WHOがフィンランドの高い自殺率について提言を行っていたこと，当時のフィンランドの厚生大臣の夫が自殺をしていたことも影響したと言われています。

　フィンランドの自殺対策は1986年に始まりました。86年から91年に心理学的剖検調査による自殺の実態・原因の究明が行われ，92〜96年に対策の実行が，97〜98年に対策の評価が行われました。対策の具体的な中身は，新聞協会との連携，うつ病対策，自殺未遂者ケア，学校教育との連携，警察への自殺関連知識の普及などを含む多様なものでした。

　対策の結果，フィンランドの自殺率は漸減傾向を示し，プロジェクトの開始時と評価時とで約1割減少しました。対策中にソ連の崩壊による大きな経済的な混乱がフィンランド国内にあったことなどから，対策と自殺率の減少の間の因果関係は必ずしも明確にはなっていません。しかし，現在ではこのプロジェクトは，世界に先駆けて実施された研究にもとづく自殺対策の事例として高い評価を得ています。[98]

　フィンランドで自殺対策が始まりしばらくした1991年，国連総会では自殺対策の重要性が認識され，国家的な対策を行うための具体的な行動プランの策定の開始が提唱されました。これを受けて93年には，カナダのカルガリーで国連と世界保健機関の主催の会議が行われました。これは，国家規模で実施する包括的な自殺対策のためのガイドラインを作成することを目的としたものであり，世界12カ国から専門家約20名が参加しました。96年には，この会議での議論をもとに作成されたガイドライン「自殺予防：国家戦略の作成と実施

▼98──ただし，外部評価ではいくつか問題点も指摘されています。それは，研究期に明らかになったことがその後の実行に十分に生かされていない点，高齢者をターゲットとした対策がなされていない点，自殺手段の制限が行われていない点，政治や行政のトップをプロジェクトに組み込めていない点などです。

表 9　国家戦略の作成と実施のためのガイドラインの概要[99]

1. 各国の実状に合わせて独自の予防対策の方針を立てる
2. 自殺に関する研究，訓練，治療のための組織を整備する
3. 総合的な取り組みで自殺予防対策を進める
4. 最重要課題が何であるか見きわめる
5. 自殺に関する正確なデータ収集システムを整備する
6. ハイリスク者への対策を徹底する
7. ハイリスク者を長期にフォローアップするシステムを作る
8. ハイリスク者が問題解決能力を高めるように助力する
9. ハイリスク者を総合的にサポートする
10. ハイリスク者を抱える家族をサポートする
11. ゲートキーパーのための訓練プログラムを作る
12. 精神障害や自殺予防に関する正確な知識を普及する
13. 専門家に対して自殺予防に関する教育を実施する
14. プライマリケア医を対象に自殺予防に関する生涯教育を実施する
15. プライマリケア医と精神科医の連携を図る
16. 生命の価値を再考するように地域に働きかける
17. 学校における自殺予防教育を実施する
18. 危険な手段を法的に規制する
19. 自殺後に遺された人をケアする
20. マスメディアとの協力関係を築く

のためのガイドライン（Prevention of suicide: Guidelines for the formulation and implementation of national strategies）」が国連総会で承認され，公表されました（表9）。このガイドラインで取り上げられた効果的な対策は，本章前半で取り上げた自殺対策と概ね一致しています。

▼99───以下の文献より引用しています：高橋祥友（2011）世界の自殺と日本の自殺予防対策．精神神経学雑誌，113（1），74-80.

▍状況を変えた自殺対策基本法

　自殺対策に対する世界的な関心が高まる中，日本は1998年から第三次自殺急増期に突入しました。2000年から「21世紀における国民健康づくり運動（健康日本21）」という目標設定型健康増進政策がはじまり，[100]2010年までに自殺者数を22,000人以下にするという目標がたてられました。2002年には，健康日本21の数値目標を達成するための具体的な提言が，自殺防止対策有識者懇談会から「自殺予防に向けての提言」という形で提出されました。

　第三次自殺急増期がこれまでと異なっていたのは，上述のような行政上の（一時的）変化を促したのみならず，それを継続させる民間の動きが活発化したことでした。2000年には，自死遺児たちが小冊子『自殺って言えない』を発行し，NHKクローズアップ現代では「お父さん死なないで〜親の自殺 遺された子どもたち〜」が制作されました。これらはいずれも大きな社会的反響を得て，翌年，『自殺って言えない』を出版した7名の自死遺児らは，小泉純一郎総理大臣（当時）を訪問し，自殺防止の社会的取組の必要性について陳情するに至りました。

　自殺対策への社会的要請の高まりを受け，2005年頃より政治的な動きが加速します。2005年には，参議院厚生労働委員会において「自殺に関する総合対策の緊急かつ効果的な推進を求める決議」が行われ，これ受けて，政府は，自殺対策関係省庁連絡会議を設置し，同年末には「自殺予防に向けての政府の総合的な対策について」をとりまとめました。2006年には，国会で超党派の「自殺防止対策を考える議員有志の会」が結成され，有志の会により「自殺対策基本法案」が検討されました。この間，「自殺対策の法制化を求める3万人署名」と称する署名活動が展開され，最終的には10万人余りの署名が集められ，参議院議長に提出されました。同年6月にこの法案は衆参両議院で可決，10月に施行されることとなりました。

　この法律では，自殺対策を推進する責任が国や地方公共団体にあることが示されており，健康で生きがいを持って暮らすことのできる社会を実現すること

▼100──健康日本21は，生活習慣病およびその原因となる生活習慣等の国民の保健医療対策上重要となる課題を対象としたものですが，「休養・こころの健康づくり」という項目の中に，自殺者の減少が目標としておかれました。

が目的であると記されています（第一条）。この法律ができる前の2002年12月時点では，自殺対策に関する事業を実施している都道府県・政令指定都市は全体の13.6％でした。2002年はすでに健康日本21において自殺者数を減らす数値目標が定められていた時期ですが，この水準です。法律施行後の2008年度には，同様の調査において実施団体の割合は98.4％にまで増えています。[101] いきなり効果的な対策ができる体制が整えられていたかどうかはさておき，この時点でようやく国家的な自殺対策がスタートしたと考えられます。

　法律が制定されるまでは，若者の自殺が増えるたびに自殺対策への関心は一時的に高まり，そして数年後には消えているという状況を繰り返していました。こうした状況を変えるだけの力が，法律にはあるということです。

▎自殺対策の評価

　それでは，この法律に基づいて実施されてきた対策にはどのような効果が認められているのでしょうか。2012年に総務省が出した「自殺予防対策に関する行政評価・監視〈結果に基づく勧告〉」[102] では，大綱に基づく各施策の効果の評価等は不十分であるとされています。つまり，対策に効果があったのか否かについて，そもそも十分な検討がなされていないので分からないということです。

　筆者が読む限り，この勧告の中で，自殺予防対策に係る効果的施策の推進について効果の評価がなされているものは，「多重債務者相談強化キャンペーン2010」の一件のみです。ちなみに，ここでの評価とは，「都道府県（東日本大震災被災三県を除く）の多重債務相談窓口において，①相談者に自殺関連相談機関（自殺対策窓口・自治体関連部署）の連絡先を紹介している数，②相談者を自殺関連相談機関（自殺対策窓口・自治体関連部署）に引き継いでいる数を調査し，問題点や今後についての意見をとりまとめた」という部分を指していると思われます。つまり，全体として，自殺対策行政に関する評価を行う体制

▼101——自殺総合対策推進センター（2018）平成29年度自治体における自殺対策の施策の実施状況調査．https://jssc.ncnp.go.jp/file/pdf/2018-0208-h29jissi-chosa.pdf
▼102——総務省（2012）自殺予防対策に関する行政評価・監視〈結果に基づく勧告〉．http://www.soumu.go.jp/menu_news/s-news/000059216.html

が十分に整っていないということです。

　もう少し踏み込んだ評価をしているものとして，「平成25年度自殺対策検証評価会議報告書～地域自殺対策緊急強化基金・緊急強化事業～」が挙げられます[103]。自殺対策検証評価会議とは，自殺対策基本法に基づき2006年に設置された自殺総合対策会議（会長：内閣官房長官，委員：その他の国務大臣）が，施策の効果を評価するために設定したもので，2013年に設置されました。この報告書は，地域自殺対策緊急強化基金の政策効果を客観的に把握することを目的としたもので，この効果の検証のために定量的な分析がなされていることが特徴となっています。

　評価の対象となっている地域自殺対策緊急強化基金とは，人口と自殺問題の深刻さに合わせて都道府県に配分され，国が提示した五つの自殺対策（「対面型相談支援事業，電話相談支援事業，人材養成事業，普及啓発事業，強化モデル事業）の中から都道府県がその地域の実業に合わせて対策を実施するものです。

　この報告書では，様々な留保はあるものの「人口規模の小さい市町村ほど，自殺死亡率が高い傾向下で，自殺死亡率が相対的に高く，自殺死亡率低下の余地が相対的に大きい『人口5万人未満の市町村』区分では，継続的な事業実施による自殺死亡率の低下幅の拡大と，事業未実施による自殺死亡率上昇のリスクが示された」と結論づけられています。

　その根拠として，人口5万人未満の市町村では継続的対策を行った群で自殺率が10万人中5.1人減少し，そうでない同規模の市町村では自殺率が10万人中4人減少したことが示されています。つまり，対策の効果は，年間10万人中1人程度の自殺率を減らすことだったということになります。人口5万人未満の市町村であれば，多くて2年に1人ほどの自殺が食い止められたということになります[104]。人口30万人以上の市では比較対象になる市がなかったため比較ができていませんが，人口5万人以上30万人未満の市では，対策実施群・未実施群ともに4年間の自殺率の減少が3.2人／10万人となっています。この

▼103── https://www.mhlw.go.jp/file/06-Seisakujouhou-12200000-Shakaiengokyokushougaih okenfukushibu/s10_3.pdf
▼104── 厳密な統計的検定は実施されていないため，この変化が統計的に見て有意なものか否かは明らかにされていません。

4年間で見ると対策を継続的に実施していようがいまいが，自殺率の変化に差がなかったということです。

　異論もあるかもしれませんが，仮に人口5万人未満の市町村に対してこの基金で有効な自殺対策ができていたと考えてみましょう。とはいえ，2010年の国勢調査を確認する限り，人口5万人未満の市町村の合計人口は約2千万人です。つまり，人口5万人未満の市町村に住んでいる人は日本全体の6分の1程度であり，残りの6分の5の人口に対しては有効な対策がなされなかったということになります。

　この結果について同報告書では，「この結果は，少なくとも市町村の割合で67.9％を占める『人口5万人未満の市町村』の区分では，緊急強化事業の継続的な実施が自殺者数の抑制・低下に効果をもつことを示唆するものと考えられる」と記載しています。市町村の割合で67.9％と言われると随分と広範囲であるように感じられますが，その広大な地域に住む人は日本の人口の6分の1です。どれだけ甘めに見積もったとしても，都市部での自殺対策のあり方については，再考が必要だということができると思われます。

▍戦略の策定と対策の効果のモニタリングに関する問題点

　自殺対策の推進に簡単な方法はありません。効果のありそうな方法について，既存の研究からいくつか示唆されているものもあるわけですから，こうした有効性の認められている対策が継続的に続けられ，効果があがっているかどうかが監視されている状態がキープされることが重要です。そのような状態を目指すにあたって，いくつか問題があると言えます。

　第一の問題点は，自殺総合対策大綱の内容です。この大綱は網羅的に作られていますが，今後は，網羅した項目の中から，費用対効果や実施可能性の観点から優先順位をつけていく必要があります。資源・税の分配は政治の仕事ですが，優先順位をつけるための資料の整理などには学者の力も必要でしょう。

　第二に，対策の推進に関するモニタリング体制が十分ではありません。自殺対策の効果を評価するための指標の代表例は自殺率です。しかし，自殺率のモニタリングは，対策を行う団体の規模が小さくなればなるほど，難しくなります。例えば，人口10万人の市町村では年間20人程度の人が自殺で亡くなりま

す。目標を自殺率の削減20％とすると，これは年間の自殺者数を4人ほど減らすことを意味します。しかし，この程度の人数の変動は，偶然性に左右されてしまいます。そのため，自殺率をモニタリングしたとしても，対策の成果が分からなくなりやすいという問題が発生します。これは，自殺が稀少な現象であるために生じる問題です。

　そのため，自殺対策の目標が自殺率の減少だったとしても，対策の効果をモニタリングする場合には，もう少し稀ではない現象を評価することも考えられます。WHOは，こうした場合，自殺企図による入院者数や，成功した自殺予防的介入の数を効果の指標とすることを提案しています。

　また，対策の効果のモニタリングは可能な限り外部の者が実施すべきです。先の「平成25年度自殺対策検証評価会議報告書〜地域自殺対策緊急強化基金・緊急強化事業〜」は，自殺対策を所管する内閣府が運営に関わるものであり，中立・公正とは言えません。例えば，先に紹介したフィンランドの自殺対策の外部評価グループには，フィンランド人2名以外に，スウェーデン人1名，オランダ人1名を加えるなど，外国人を活用しています。フィンランドのような小国（人口500万人ちょっと）には評価が可能な外部専門家が十分いなかったという事情も考えられるため，必ずしも外国人を入れる必要はありません。ただし，このような真に「外部」と言えるような人々の評価を受けることができるような仕組みを整えることが重要です。

　繰り返しになりますが，自殺対策に突飛で新しい，斬新な方法はおそらくありません。これまでに効果が分かっている対策を地道に続け，適切なモニタリングを欠かさないようにすることが大事です。

▎人口規模ごとの自殺予防戦略の策定
▎都市部の自殺対策はどうあるべきか？

　既存の方法を地道に続けていくことが大切と書いた手前やや書きづらい部分もあるのですが，その際の大きな問題は，都市部に適用可能な効果的な自殺対策には限りがあるということかもしれません。例えば，プライマリ・ケア医に対する自殺教育（ゲートキーパー養成）によって地域の自殺率を低減させたことで有名なスウェーデンのゴットランド島は人口規模が5万人程度です。自殺

対策の先進国であるフィンランドは国家全体で人口 500 万人程度，最も人口の多い首都ヘルシンキでも人口 50 万人ちょっとであり，自殺対策が始まった当初，人口 10 万人を超えるような都市は片手で数えるほどでした。そもそも，日本とは人口規模が違いすぎるのです。

　実際，昨今の日本でも地方部と都市部とでは，後者の方が自殺対策はうまくいっていないようです。[105] 2009 〜 12 年の地域自殺対策緊急強化基金・緊急強化事業の効果を検証した報告書でも，そして 2006 年から 2010 年にわたって行われた複合的地域自殺対策プログラムの自殺企図予防効果の検討においても，[106] 同様に地方部の方が自殺対策の効果があがっていることが示唆されています。これはおそらく，地方部では，地域のつながりを生かした対策がとりやすいからだと思われます。

　しかし，こうした対策を都市部に転用するには様々な困難があります。人口規模，地域のつながりの弱さなどが障壁となるからです。私の個人的な体験になりますが，東京で生まれ育ち，地元から離れた私立の中学・高校に通っていた身では，地縁や地域コミュニティなるものの存在は感じられません。今現在も，マンションの隣に住む人の顔も名前も分かりません。保健師が訪ねてきても，オートロックのマンションでは，中に入ることはできません。このような人たちが多数存在する都市部に適した自殺対策のプログラムを開発することは，自殺対策において今一番重要な事項の一つです。

▍目標の立て方の問題
そもそも人はどう死ぬべきか？

　ここまで，既存の自殺対策をアップデートする方法について述べてきましたが，少し違う観点から話をして，本章を締めくります。

▼105———地方部と都市部を比較すれば，都市部の方がそもそもの自殺率が低いため，効果が見えにくくなるという可能性はあります。

▼106———Ono, Y., Sakai, A., Otsuka, K., Uda, H., Oyama, H., Ishizuka, N., ... & Motohashi, Y.(2013). Effectiveness of a multimodal community intervention program to prevent suicide and suicide attempts: a quasi-experimental study. *PLoS One*, 8(10), e74902.

　自殺対策基本法の最終的な目的は「国民が健康で生きがいを持って暮らすことのできる社会の実現」です。それにもかかわらず，自殺死亡率だけをアウトカムとして政策評価をするのは，目的にかなっているとは言えません。すでに第Ⅱ部で見たように，自殺はただ単に減らせばいいものではありません。死は必ずしも悪いものではないからです。重要なことは，それぞれの人が自分が生きたいように生き，満足して死んでいくことのはずです。死なないことは我々が社会を営んでいくことの目的にはなりません。[107]自殺を減らして，ではその後にどうしようというのかという点については，改めて考えてみる必要があります。

　自殺も含め，○○による死亡を減らすという目標は多くの人から賛同を得られやすい目標の立て方です。しかし，人は死なないわけにはいかないため，死亡総数は変化しません。生まれた数だけ死んでいきます。だとすれば，我々の社会はどういう死に方を増やすべきだと考えているのでしょうか。「どのような人がどの程度の割合でこのように亡くなる社会を目指す」という目標をたてる必要はないでしょうか。第Ⅱ部で述べたように，私はなるべく多くの人が自分の人生に満足し，そして苦痛の少ない方法で死んでいくことが望ましい社会だと思っています。自殺を減らすことと並行して，我々自身がどう死ぬべきかという問題を考えていくことは，社会全体にとって必要なことのはずです。我々もいずれ経験することなのですから。[108]

▼107———人間の死に方は大きく，自然死（含病死），事故死，他殺，自殺に分かれます。どのような形かはともかく，現代の科学水準だと人は必ず死に至りますし，その後に生き返ることはできません。ということは，自殺を減らすと他の形式の死が増えるということになります。ただ死を減らすことをつきつめていくと，不老不死を目指すことになりますが，それが望ましいとは思えないという点については，第Ⅱ部で論じた通りです。

▼108———このような形で，ただ単に自殺による死亡を減らすという目的意識を変えることができるのであれば，それは自殺予防戦略・対策の内容を変えることにもつながるはずです。例えば，学校における自殺予防教育というものが進められていますが，その内容はどうあるべきでしょうか。困った時には早めに相談しましょうという内容を教示することがこうした教育の柱になっていますが，それが，哲学的に理にかなっていると私には思えません。困った時に早めに他人に相談することが，必ずしも満足のいく人生につながるとは限りませんし，それを阻害する可能性も考えられるからです（目的パターナリズムに該当します）。ギリギリまで死にたいと悩むことが人生において無駄とは限らないとは思わないでしょうか？

第9章

メディア

メディアは自殺を防げるか？

....

▌自殺に関するニュースはなぜなくならないのか？

　最近では，SNS利用が一般化したこともあり，朝からツイッターを眺めていると，タイムラインに自殺に関するニュースが流れてくることがあります。ニュースならばまだましであり，場合によっては誰かがビルの上層から飛び降りようとしている様子を下からとった動画がリツイートされて回ってくることすらあります。このような日は朝から見なくてもいいものを見たと感じ，その日一日気分が悪くなりますが，こうした感覚を抱くのは私だけでしょうか。

　私自身はこうした情報に接するたびに気分が悪くなりますが，それはおそらく，この後に自殺が増加することを知識として知っているからです。こんな情報に接しなければ死ななかったかもしれない人が死ぬことを想像するからです。そうでない人にとってみれば，必ずしもこうしたニュースや動画は気分の悪いものではなく，我々にとって何らかの意味で「良い」ことなのだろうと思います。我々がなぜこうした情報を摂取しようとするのかというと，それはもちろん，この情報が我々にある種の快感をもたらすからです。

　こうした現象を心理学用語では，シャーデンフロイデ（Schadenfreude）とか下方比較と言います。シャーデンフロイデはドイツ語であり，schadenは「害する」，freudeは「喜ばせる」ですが，合わせて，他者の失敗・不幸を見聞きして喜ぶ人間の傾向を意味しています。日本語のことわざでは，「他人の不幸は蜜の味」となりますし，最近のネット用語で言うならば「メシウマ」（他人の不幸で今日も飯がうまい）となります。また，下方比較とは，自分よりも劣った（不幸な）状態にある人間と自分自身とを比較することを通じて，優越感に浸ったり，安心感を得たりすることを意味しています。

　こうした後ろ暗い性質は，現代に生きる我々だけがもっているものではなく，

古くから見られるものです。例えば，江戸時代には心中が流行しました。その原因の一端は近松門左衛門の『曾根崎心中』が人形劇団竹本座によって上演され，ヒットしたことです。『曾根崎心中』は1703年に発生した醤油屋の若い手代と曾根崎の遊女との凄惨な心中事件を元に作成された人形浄瑠璃で，実際に起った事件をもとにしたものです。江戸時代には，絵草紙（絵入りの瓦版）などによって自然災害や心中等の事件を印刷・販売する文化，つまり他者の不幸を民衆がコミュニケーション消費する文化がすでにありました。近松の『曾根崎心中』も同様に大衆に消費されたもので，『曾根崎心中』のヒット以降，心中物は一つのジャンルとして定着したほどです。[109]テレビなどのマスメディアやSNSだけではなく，あらゆるメディアがこうした人間の後ろ暗い性質を生み出します。

▌ ウェルテル効果

　シャーデンフロイデや下方比較は我々に短期的なメリットをもたらしますが，コミュニティ全体としてはそのツケを払わされることとなります。メディアを介した自殺に関する情報の蔓延は，その後の自殺の増加をもたらすからです。

　メディアを介した自殺情報の流行後に自殺が増加するという現象が存在することはかなり古くから指摘されてきたことです。社会学者であるフィリップスがこの現象にウェルテル効果という名前をつけると，ウェルテル効果の存在に関する研究は加速的に実施されるようになりました。現在では，世界のかなり多くの国でこのような現象が起きることが確認されています。もちろん，日本も例外ではありません。[110]

▼109――心中物の流行によって生じた若者の心中の流行は，ついに，1723年に幕府に心中禁止令を出させるに至りました。その内容は，心中物の上映や発行の禁止，心中して生き残ったものへの厳罰，心中した者の墓地への埋葬の禁止といったものでした。なお，この場合のメディアとは，劇場や絵草紙などということになります。
▼110――日本におけるウェルテル効果の検証に関する研究は以下のレビューを参考にして下さい：末木新(2011)メディア報道・利用が自殺に与える影響の概観と展望――日本におけるデータを用いて実施された研究を対象に．東京大学大学院教育学研究科臨床心理学コース紀要，34，108-115．

　ウェルテル効果の名称は，18世紀末に出版されたゲーテの『若きウェルテルの悩み』によって引き起こされた群発自殺に由来します。この本の内容は，ごく簡単に言えば，主人公である青年ウェルテルが，婚約者のいる女性シャルロッテを相手に叶わぬ恋をし，絶望の末に自殺をするというものです。話の筋だけ書き出すと味気なくなってしまいますが，ゲーテの恋愛と友人の自殺という体験に基づいて書かれた内容は非常に読み応えのあるものとなっています。この本は当時のヨーロッパで広く読まれ，その結果，小説の主人公であるウェルテルと同世代の若者が，主人公と同じ服装・同じ方法で自殺をするということが相次ぎました。ドイツ，イタリア，デンマークなどではその影響によりこの小説が発売禁止処分となったほどです。紙による本の出版は当時最大のマス・メディアであり，その影響による群発自殺が生じたということです。[111]

　ウェルテル効果（メディアによる自殺情報の増大後の群発自殺）には以下のような特徴があります。

　第一に，ウェルテル効果による影響を特に受けるのは，メディアの中で取り上げられた自殺者と類似の属性を持つ人々です。[112]『若きウェルテルの悩み』の出版後に影響を受けたのは，若年世代です。日本では，2011年にアイドルの上原美優が自殺で亡くなりましたが，その後に若年女性の自殺が増加したという指摘があります。亡くなった上原美優と年齢・性別といった属性の近い者が

▼111───グーテンベルクによる活版印刷の発明・普及は15世紀中頃のことであり，この話よりも随分前のこととなります。

▼112───こうした事象は，必ずしも自殺死亡と報じられない場合にも起りえます。ウェールズ公妃ダイアナは日本でも大変有名で人気のあった方でした。1986年に来日した際に東京・青山で行われたパレードには約9万人もの人が集まったそうです。日本でも同様ですが，皇室への適応が大変であることは洋の東西を問わず普遍的なことのようです。ダイアナ妃も例外ではなく，結婚直後から自傷や摂食障害に苦しんでいました。その背後には，夫婦間の問題もあったようです。夫であるチャールズ皇太子と正式に離婚をしてからは対人地雷廃止運動やエイズ啓発活動などに関わっていくようになり精力的に活動されていました。しかし，1997年，パリでパパラッチに追跡された果てに，乗っていた車がトンネル内で事故を起こし急逝されました。この事故の後の4週間において，イングランドとウェールズでは，過去4年間の平均に比べ自殺率が17％上昇したという報告あります。中でもダイアナ妃と属性の近い25〜44歳の女性の自殺率は45％増加しました。ダイアナ妃の死の真相については様々な説がありますが，事故であってもウェルテル効果と同様，自殺が増加したということです。そして，属性の近い人に特に大きな影響があったことも，ウェルテル効果と同様です。

強い影響を受けたということです。

　第二に，メディアの中で取り上げられた自殺者が芸能人や政治家など実在の人物である方がより強い影響を持ちます。架空の人物の自殺（例：小説・ドラマ・映画の登場人物）や一般人の自殺の場合，自殺の誘発効果があるか否かについては意見の分かれるところとなっていますが，少なくとも実在する有名人物の自殺報道に比べて，自殺誘発効果は弱いようです。

　第三に，自殺の方法が情報の受け手に影響を与えることが明らかになっています。『若きウェルテルの悩み』でも後追い自殺をした者が同様の方法をとったことが報告されていますが，これは珍しいことではありません。日本では，1986年に人気アイドル岡田有希子が自殺で亡くなりました。この事件は，新聞やテレビで繰り返し報道され，自殺の生じた現場や遺体までもが映される有様でした。どのような報道がなされたのかについては，現在でもユーチューブなどの動画サイトを検索すれば見つけることができます。岡田は所属事務所のビルから投身自殺により命を絶ちましたが，その後二週間で約30人の同世代の後追い自殺が起こり，そのほとんどが同様に飛び降りという方法をとっています。

　ウェルテル効果に関する説明をした際によく出される疑問は，自殺報道が自殺を誘発するというが，それはもともと自殺を深刻に考えていた人であり，いずれ生じる自殺が前倒しされただけではないか，というものです。つまり，いずれ生じる自殺が前倒しされただけの話であれば，それほど深刻な問題ではないのではないかということです。この疑問に明確に答えられるだけの材料は，現在のところ私の手元には存在しません。もしかすれば，非常に脆弱性が高く自殺の可能性が高い人の自殺の時期が早まっただけという場合もあるかもしれません。ただし，仮にそうであったとしても，早まった部分の生に意味がないなどと言うことは誰にもできないはずであり，ウェルテル効果を軽視して良いという理屈にはならないと思われます。

▌ 自殺方法の拡散の影響

　アイドル岡田有希子の自殺の例に限らず，有力なメディアによる自殺方法の報道は，特定の方法を用いた群発自殺を引き起こします。このような事態は，

いわゆる自殺の名所と呼ばれるような場所を作り出すことにもつながっています。

　日本における自殺の名所としてまず思いつくのは，富士の樹海です。富士の樹海は，松本清張の小説『波の塔』の中で，不倫の末に自殺を企図した婦人が最後に死に場所として選んだ場所です。この小説以後，樹海と自殺のイメージは連結され，名所となっていったようです。

　また，日光の華厳の滝も名所として挙げられると思います。華厳の滝にそのようなイメージがついたのは，1903年に旧制一高の藤村操が投身自殺をしたことを，新聞が賛美して以降です。藤村が亡くなって以降の10年間に華厳の滝に飛び込んだものは200名を超えると言われています。

　もちろん，自殺の名所が存在するのは日本のみの現象ではありません。世界に目を向けても，パリのエッフェル塔やサンフランシスコのゴールデンゲートブリッジなどは有名な自殺の名所となっていた時期があります。

　また，近年ではインターネットによる情報の拡散も大きな影響を与えています。2000年代前半には，いわゆるネット心中が流行をしましたが，これはインターネットとマス・メディア（特に，テレビ）の影響が相互作用した結果です。ネット心中とは，見ず知らずのインターネット利用者同士が電子掲示板などを介して共鳴し，集団自殺を行うものです。その方法は，自動車内にて七輪で練炭を焚き，一酸化炭素中毒で死亡するという点で類似しているものがほとんどでした。

　ネット心中とは異なり，これまで一般的に心中は知り合い，それも非常に強いつながりで結ばれた者同士の間（例：親子，恋人）で行われるものでした。ネット心中は見ず知らずの者が会って一緒に自殺で死亡するという新奇性からマス・メディアで大きく取り上げられ，流行することとなってしまいました。[113]

　2000年代後半には，硫化水素を用いた自殺の流行が発生しました。2007年頃から硫化水素を用いた自殺方法に関する情報がインターネット上で拡散され，それを閲覧した者がその方法で自殺をしたことがテレビ等のマス・メディアで取り上げられるようになると，硫化水素を用いた自殺は群発自殺化しました。2008年には硫化水素を用いた自殺の発生件数はピークをむかえ，年間1,000人

▼113──ネット心中の多発は，結果として2005年の通信事業者及び警察におけるインターネット上の自殺予告事案への対応要領の策定につながりました。

超の人がこの方法で亡くなりました。

　この時には，自殺対策基本法がすでに施行されていたこともあり，官民における速やかな対処が目立ちました。2008年4月には内閣府による報道配慮の呼びかけがあり，同月には，硫化水素を発生させる方法として情報が拡散されていた硫黄成分を含む入浴剤の販売自粛がありました。さらに，警察庁による硫化水素自殺関連情報の削除要請に関する指示も都道府県警に対して行われました。このような対応により，硫化水素自殺の流行は終焉を迎え，硫化水素を用いた自殺が定着することはありませんでした。ただし，2008年5月に起こった四川大地震により，マス・メディアが硫化水素自殺への興味を失ったことが流行収束の原因であるという指摘もあります。私自身も，どちらかと言えばこちらの方の要素が大きいような気がしています。つまり，より新規な不幸による快楽が提供されたことにより人々が硫化水素自殺に興味を失い，結果として群発自殺がおさまった，ということです。

▎自殺報道のガイドライン

　ウェルテル効果による群発自殺の発生を防ぐための取組は世界中で実施されています。その主要な方法は，自殺に関する報道ガイドラインの策定です。

　報道ガイドラインの策定について最も詳細な報告があるのは，オーストリアのウィーンの事例です。ウィーンの地下鉄は1978年に開業しましたが，開業間もない1984年頃から地下鉄で飛び込み自殺をする者の数が急速に増加しました。この時期，ウィーンではタブロイド紙が地下鉄での自殺をセンセーショナルに報じ，それを見た者が自殺をし，さらにそれを新聞が報じるという悪循環が生じていたようです。

　この事態を受け，1987年，オーストリア自殺予防学会はマス・メディアに向け自殺報道に関するガイドラインを発表しました。ガイドラインに対する支持が集まると，徐々に自殺の報道のされ方に変化が生じました。具体的には，自殺に関する報道の一記事あたりの文字数，自殺を美化する割合，新聞の一面にのる割合が減ったことが研究により確認されています。[114]その結果，1987年後半から地下鉄自殺（既遂者数および企図者数）の件数は劇的に減少しました。

　ウィーンでの報道ガイドラインの成功は，自殺対策の関係者にガイドライン

表 10　メディア関係者が自殺関連報道をする際に注意すべき点[115]

努めて，社会に向けて自殺に関する啓発・教育を行う。

自殺を，センセーショナルに扱わない。当然の行為のように扱わない。あるいは問題解決法の一つであるかのように扱わない。

自殺の報道を目立つところに掲載したり，過剰に，そして繰り返し報道しない。

自殺既遂や未遂に用いられた手段を詳しく伝えない。

自殺既遂や未遂の生じた場所について，詳しい情報を伝えない。

見出しのつけかたには慎重を期する。

写真や映像を用いることにはかなりの慎重を期する。

著名な人の自殺を伝えるときには特に注意をする。

自殺で残された人に対して，十分な配慮をする。

どこに支援を求めることができるのかということについて，情報を提供する。

メディア関係者自身も，自殺に関する話題から影響を受けることを知る。

の策定および浸透の重要性を強烈に印象づけました。WHO は 1999 年に自殺予防を目的とした事業（SUPRE）をスタートさせましたが，その一環として，自殺に関する報道ガイドラインを発表しています。

　表 10 はガイドラインの要点をまとめたものです。これらの項目を守らない報道がなされた場合，一件の自殺は他の自殺を誘発するトリガーとなる可能性が高まります。ガイドラインの存在は徐々に周知されてきており，この数十年の間に，国内での自殺に関する報道は良い方向へと変化しています。

　もちろん，こうした自殺報道に関するガイドラインに対しては，批判や反発もあります。「このようなガイドラインを全て守っていたら，報道にならない」「表現の自由が侵害される」といったものです。

　確かに，報道や表現の自由，知る権利といったものが保証された現代社会において，自殺報道を全てするなというのは困難な注文です。人間の生活を豊か

▼114——Niederkrotenthaler, T., & Sonneck, G.（2007）Assessing the impact of media guidelines for reporting on suicides in Austria: interrupted time series analysis. *Australian & New Zealand Journal of Psychiatry*, 41, 419-428.

▼115——WHO. 河西千秋（訳）（2008）自殺予防——メディア関係者のための手引き 2008 年改訂版日本語版. https://www.mhlw.go.jp/stf/seisakunitsuite/bunya/0000133759.html

にするために必要な現代社会における基本的な権利を，自殺対策のためだけに制限することは本末転倒だからです。また，2015年に起きた大手広告会社の電通の若い女性社員の自殺に関する報道は，現代社会における労働環境そのものの問題点を鋭く描き出したという点で，報道に関する社会的意義がありました。

　WHOを含めガイドライン策定に関わった関係者は，何も報道を全て自粛すべきであると言っているわけではありません。そもそも自殺に関する報道が一切なくなった世界は，それはそれで問題です。自殺に関する報道があるからこそ，社会的な問題が存在することが明らかになる場合もあるからです。しかし，報道の仕方一つで情報の受け手の自殺の危険性が高まる可能性があることもまた事実であり，そのバランスをとった情報を流通させることは重要なことです。

　さらに，自殺報道の仕方は報道を見た者の自殺のリスクを上げるだけではなく，下げる可能性も有しています。アメリカのロック・ミュージシャンであるニルヴァーナのカート・コバーンが自殺をした際に，自殺報道を工夫した結果として，自殺を考えている者から援助を求める電話が増加したという報告があります。そのためガイドラインには，報道を行う際に，「どこに支援を求めることができるのかということについて，情報を提供する」という内容が含まれています。メディアは道具にすぎません。道具は使い方次第で良いようにも悪いようにも使うことができるものです。[116]

▼116———近年，パパゲーノ効果の研究が精力的に進められています。パパゲーノは，モーツァルトのオペラ『魔笛』に登場する人物で，愛する女性を失ったことを悲観して一時自殺を考えるものの，その後思い留まるという行動を見せています。ここから，自殺念慮を持つに至った者がその危機を克服したという報道が，自殺予防的な効果を持つのではないかという指摘がなされており，このような現象はパパゲーノ効果と命名されています。残念ながらウェルテル効果に比べて研究の蓄積が少なく，こちらについては未だに仮説的な提案だと言わざるを得ないと個人的には思います。しかしながら，我々が自殺企図方法をメディアを介して観察学習をすることができるのと同様に，同じ力を使って自殺予防的な行動を学習する可能性もあると推論することに無理はないようにも思います。今後の研究の蓄積が待たれる領域です。

なぜウェルテル効果は起こるのか？
社会的学習理論・代理強化

　節度を踏まえた悪くない，そして時に良い影響をもたらす自殺報道をするためには，なぜウェルテル効果が生じるのかということを知っておくことが役に立ちます。ガイドラインは重要なものですが，これだけで全てが網羅されているわけではありません。ガイドラインがどうしてこのような内容から構成されているのかを正しく理解するためには，当然，なぜウェルテル効果が生じるのかという点について理論的に理解することが役に立ちます。

　もちろん，ウェルテル効果が生じるメカニズムについての確定的な説明はありません。しかし，いくつかの仮説が提唱されています。ここでは，その中から最も可能性が高い社会的学習理論による説明を提示していきます。

　社会的学習理論とは，アルバート・バンデューラという心理学者が提唱した行動の学習に関する理論であり，「人間は観察することによって新しい行動を学習する」という至極常識的な話のことです。日本語の諺では，「親の背を見て子は育つ」となるでしょうか。

　バンデューラは，この観察による行動の学習を科学的に証明するために，以下のような実験を行っています。まず，実験のために3〜6歳の子ども72名を集め，その子らを三つのグループに分けました。三つのグループの子どもはビニール人形などが置いてある遊戯室に個別に連れていかれ，異なる介入（実験的操作）が行われました。一つ目のグループ（何も介入しない群）に割り当てられた子どもは，遊戯室に連れて来られ一人で遊ばされました。二つ目のグループ（非攻撃行動を見せられる群）の子どもは，遊戯室に連れて来られ大人と一緒に遊びました。三つ目のグループ（攻撃行動を見せられる群）は，二つ目のグループと同様に遊戯室に連れて来られ大人と一緒に遊びました。ただし，実験開始後一分の時点で一緒にいた大人がビニール人形を殴り始め，その様子をしばらく見せられました。その大人は，人形に対する暴言を吐くこともありました。

　実験では上記の手続きの10分後に担当者が入室し，子どもを別の遊戯室に連れていきました。その後，子どもを一人きりにし，遊んでいる時の行動をさらに20分観察しました。その結果，一つ目と二つ目のグループではほとんど

攻撃行動（例：おもちゃを投げる）が見られなかったのに対し，大人が人形を殴っていた三つ目のグループでは，男子で平均約38回，女子で約13回，肉体的な暴力行動が生じるのが観察されました。子どもは他者の攻撃行動を観察することを通じて，自らの行動レパートリーを増やしたということです。[117]

　バンデューラの実験にはさらに続きがあります。単純に他者が行う行動を観察することは自らがその行動を生起させる確率を高めるわけですが，他者の行動の後に何が随伴するかによって，さらに行動が起きる確率が高まる場合があることを示したのです。バンデューラは，攻撃行動を行った者がその後に報酬を与えられる映像と，攻撃行動を行った者がその後に罰を与えられるフィルムを実験参加者の子どもに見せるという実験をしました。参加者のその後の行動を観察すると，攻撃行動後に報酬を与えられる映像を見せた場合の方が攻撃行動を生起させる確率が高くなりました。

　これは，代理強化の原理と呼ばれている現象です。前章で説明したオペラント条件づけの原理では，本人が行動した直後に好子が出現することを強化と呼びました。バンデューラの実験では，本人ではなく，観察対象者（代理）が特定の行動をした後に好子が出現する様子を観察するだけで，その行動の出現頻度が高まることが示されました。そのため，こちらは強化ではなく，代理強化と呼ばれています。

社会的学習理論・代理強化の具体例
自傷はなぜ「伝染」するか？

　この代理強化の最たる例は，進研ゼミの漫画広告です。経験のある人も多いと思いますが，中学や高校に進学をした時期になると，どこからともなく進研ゼミの漫画広告が家のポストに入ってきます。漫画なのでなんとなく読んでしまうのですが，この漫画のストーリーは基本的に毎回同じです。主人公は中学

▼117——映画・ドラマなどにはR18やR15といった年齢に応じた視聴規制があります。そのような規制が設けられている背後には，こうした観察の影響に関する実験の存在があります。もちろん，我々が観察によって学習する行動は攻撃行動のみではなく，より広範なものであり，自殺企図もこれに含まれます。

や高校に入学すると成績も低く学校の勉強についていけない状態になってしまいます。また，部活もうまくいきません。そんな状態ですので，恋愛も当然うまくいきません。それが，進研ゼミをやりはじめると，成績も上昇し，部活でも大活躍，恋人もできて恋愛もばっちり，というバラ色の生活に変わっていきます。

　この漫画の機能はどのようなものでしょうか。バンデューラの実験にそって考えてみます。この漫画の中では，漫画の中の主人公（モデル）が進研ゼミを開始するという行動の後に，好子が出現する（成績の上昇，部活での活躍，恋人の出現）という強化が行われています。それを読者が観察することによって，進研ゼミをやるという行動を習得すると同時に，実際にやり始める行動を強化しているという機能を持っていると考えられます。だからこそ，毎回類似のストーリーになるわけです。このような例は，進研ゼミの漫画広告に限らず世の中に溢れています。

　学校などの若者が多く集まり形成されるコミュニティでは，しばしば自傷行為が「伝染」していくかのように広まっていくことがありますが，この現象も，観察学習と代理強化の原理によって理解することが可能です。自傷行為は，モデル（この場合，友人）の様子を観察すれば観察者に習得されます。友人が自傷をしている様子を目撃したり，自傷行為をした時の話を聞けば，その友人も自傷行為という新たな行動のレパートリーを習得するということです。自傷の経験を語ったり，自傷後の傷の写真を掲載しているウェブサイトもありますが，こうしたサイトは自傷行為を誘発しているはずです。観察は新しい行動を起こすきっかけとなります。そして，例えば，モデルの自傷行為の後に好子が付随している様子を観察したとしたら，その行動が起こる確率はさらに高まります。好子が付随する具体例としては，これまでになかった他者からの注目を得ることができるようになったとか，これまでになかった他者からの援助を引き出せるようになったとか，そういったことです。このようなことがあれば，これは代理強化になりますから，観察者が自傷行動を生起させる確率はさらに高まることとなります。[118]

　これらの行動原理を知ると，WHOガイドラインの要点がよりはっきりと見えるようになるはずです。自殺に関する報道をする際に特にやってはいけないことは，自殺方法を詳細に説明することや，自殺を美化して描き出すことですが，その理由はバンデューラの実験から明らかです。自殺の方法を詳細に報道して

はいけないのは，それによって観察学習が起こるからです。新奇な方法での自殺（例：2007年頃における硫化水素自殺）が生じた場合，特にその方法が詳細に報道される傾向が生まれます。テレビではご丁寧にも図解して報じてくれることも少なくありません。その報道によって自殺方法を学習した者は，同様の行動を起こす確率が高まります。硫化水素自殺の際には，その方法のみならず，貼り紙によって周囲の人に注意喚起をするということまで報道され，報道を見た者が同様の貼り紙をした上で硫化水素を用いた自殺をするということが相次ぎました。これは，メディアを介した観察学習の結果です。

　ガイドラインでは，自殺を美化したり，自殺によって復讐が達成された，問題が解決されたかのように報道することも問題とされています。これは代理強化の原理から説明可能です。自殺をした後に報酬が随伴したり，あるいは嫌子が消失したりすることを観察することは，観察者が自殺をする確率を高めるからです。そのため，報道は中立的に行わなければならないとされています。死者を労わる気持ちから自殺報道は美化されやすい傾向にあります。我々の一般的な感覚からしても，亡くなった人を悪く言うことは憚られます。しかし，皮肉なことに，そのような傾向こそが新たな悲劇を生む引き金となっているということです。

▍メディアを自殺予防に活用するには

　ここまで随分とメディアの問題点を挙げてきましたが，メディアは必ずしも自殺を助長するような役割だけを果たすわけではありません。メディアは自殺予防にも活用されていますが，そのもっとも有名な，そして現在でも行われている取組は，電話による危機介入です。日本では，いのちの電話等において，ボランティア・スタッフが自殺の危険の高い者からの電話相談に日々あたって

▼118―――この原理によって自傷行為の「伝染」が起こっているとするならば，それをどのように止めることができるのかも同時に考えることが可能です。例えば，代理強化が起こらないように自傷後に好子が出現したり嫌子が消失したりしないようにすることが大切です。また，自傷の観察の機会そのものを減らし，当該コミュニティの中に他の話題を持ち込むことも有力な方法となると考えられます。

います。この種の活動は，ある程度のインフラが発展した国々であれば，かなりの頻度で実施されているようです。

　こうした活動の原型には，第Ⅱ部でも紹介したように，キリスト教の存在が強い影響を与えています。日本におけるいのちの電話も，東京のキリスト教信者らが中心となって1971年に活動がスタートしました。自殺防止センターも同様に，キリスト教の影響のもとに始まったものです。

　2017年のいのちの電話の受診状況を確認すると，[119]年間に約60万件の相談があり，その内，自殺傾向があるとされているものは全体の1割強です。利用者は40代・50代が多いものの，10歳に満たない子どもからの相談も寄せられています。全相談を対象に相談の内容を分析すると，精神，人生，家族といったものの割合が高いようです。

　電話相談サービスはその後，インターネット関連技術を取り込むことで，発展を続けています。東京いのちの電話によって2006年にはインターネット相談（Eメールによる相談）が試験的に開始され，現在も続いています。メール相談は，電話相談よりも若い世代から利用されているようです。自殺予防との理論的整合性，半世紀以上もの長きにわたってメディアを介した自殺予防として世界中に根付いたという実績を考えれば，この種の活動には，多くの人の理解や協力を引き出す何かが備わっており，現在の自殺対策におけるベスト・プラクティスの一つと考えることはおかしなことではありません。

　電話による危機介入はメール相談等に発展していますが，今後もこうした変化は続くはずです。我々が他者とコミュニケーションをとる手段・我々を包含するメディア環境はあっという間に変化していくからです。現在では，SNS相談と銘打った活動もだいぶ増加してきました。仮にメディアを自殺予防に用いたいのであれば，こうした変化に対応し，その時々のメディア環境を活かした自殺対策が工夫され続けていかなければなりません。[120]

▼119——日本いのちの電話連盟．統計データを参照：https://www.inochinodenwa.org/data.php
▼120——このような環境の変化に対する適応の一例として，私も関わってきた夜回り2.0という検索連動型広告を用いた自殺予防実践を挙げておきます。詳細は以下の文献を参照して下さい：末木新（2019）自殺対策の新しい形——インターネット，ゲートキーパー，自殺予防への態度．ナカニシヤ出版．

　メディア環境の変化にともなうコミュニケーション・メディアの選好の変化には特に注意が必要です。私は以前，いのちの電話の勉強会に呼ばれて話をしたことがあるのですが，その際の予定の調整の多くは電話でなされました。おそらく，先方は丁寧なやりとりを心がけた結果として私に何度も電話をかけて下さったのだと思いますが，いのちの電話のメンバーの中心となる60代と，その子ども世代に当たる私（30代）とでは，好みのコミュニケーション手段が異なります。私は普段は，基本的に通話はあまりせず，仕事に関わるコミュニケーションの大半はメールです。電話が来るのは，正直煩わしいのです。

　一方で，現在の大学生はメールでのコミュニケーションを私の世代ほどには好みません。大学の研究室メンバーとのコミュニケーションは，メーリングリストではなく，LINEグループ（SNS）に移行しています。私としては，メールの方が慣れていて便利なのですが，残念ながら，それでは今の大学生を呼び出すことはできません。メディアにはそれぞれに特徴がありますが，それに加えて，個人ごとの選好も存在します。いつまでの旧来のメディアに固執をしていれば，若者が離れていくのは当然のことです。

▌現代におけるメディア関係者とは誰か？

　以上見てきたように，メディアは自殺を助長する場合もあれば，予防に活用することもできます。自殺を美化し，その方法や場所を詳細に伝えることをすれば自殺を誘発しますし，孤独に陥った人を支援者とつなげるように使えば自殺は予防されます。メディアは道具にすぎず，道具は使い方次第です。多くの人にとってなるべく有意義な使い方をするために，メディアに関わるものには自殺の生起と防止に関する正確な知識を有してもらいたいと思います。

　それでは，メディアに関わる者とはいったい誰のことでしょうか。

　上述の自殺報道に関するガイドラインは基本的にテレビや新聞などのマス・メディアの中で働く人たちを想定して作成されています。しかし，インターネット利用がこれほど普及した現代において，メディア関係者をマス・メディアの運営に関わる者のみに限定するのは難しいと思われます。なぜならば，マスコミに関わらない人々も，日々，SNSなどの個人的なメディアを使って，情報の摂取のみならず，拡散にも関わる立場になっているからです。自殺報道を安易

に拡散するような行動を，我々はとっていないでしょうか。

　また，マス・メディアの報道姿勢は，マス・メディアに関わる者だけが決定するわけではありません。オペラント条件づけの原理で確認したように，人間の行動は，行動をした後にどのような環境の変化が生じたのかによって決定的な影響を受けます。マスコミが自殺報道をするかしないかについても同様です。自殺報道をしたのちにテレビであれば視聴率が，新聞であれば売上が上がれば（つまり，行動の直後に好子が出現すれば），同じような報道を繰り返すことが予想されます。メディアがガイドラインを守らないとすれば，それはメディアの行動に影響を与えている我々の行動にも原因の一端があるのです。

　以上を考慮すれば，ウェルテル効果による群発自殺を防ぐために最も重要なことは，我々が自殺に関する劣悪な報道を意図的に見ないようにする，ということになります。このようにすることには二つのメリットがあります。

　第一に，自殺に関する情報に自身が被爆しないことは，自らの自殺の確率を上げないことにつながります。これは社会的学習理論のところで取り上げた通りです。第二に，皆が劣悪で扇情的な自殺報道を見ないようにすることによって，メディアに与えられていた数字という名の好子を消すことができます。好子が消えれば，メディアの扇情的な自殺報道という行動は，オペラント条件づけの法則5に則って消去されることになります。誰も見ない報道，需要がない情報の拡散をマス・メディアは継続しません。結果として，自殺者数は減少することになるはずです。

　人の不幸をコミュニケーションの材料とすることは昔から行われてきたことです。「人の不幸は蜜の味」といった言葉もありますが，こうした欲望は自らの自殺の確率を高めるのみならず，ウェルテル効果を媒介にして他者の自殺の確率をも高めます。我々は，我々のうちにひそむ暗い欲望が喚起されづらい環境を作っていかなければなりません。

第10章

幸福な人生

死ななければそれでいいのか？
....

▍死ななければそれでいいのか？

　自殺や自殺予防の是非について授業で論じている際に学生からよく出される意見の一つに以下のようなものがあります。

　　「自殺に追い込まれている人はその時にとても苦しい状況にあると思います。予防するのはいいですが，死なないように予防だけして，それで終わるのは無責任ではないですか？　自殺対策で出てくる話というのは，それで確かに死ななかったり，一時的に死にたくなくなったりするかもしれませんが，それでその人の生きづらさや困難がなくなるわけではないですよね。その人のその後の人生に責任を持つわけでもないのに，自殺を止めるだけ止めるのはおかしくないですか？　それならば，いっそ自殺予防なんてせずに，死なせてあげた方が良くないですか？」

　その後の人生にまったく責任を持たないから，だから自殺予防は一切しない方がいい，とは思いません。すでに述べたように，その人の死の判断が誤っている可能性については，精査した方が良いと思うからです。だからこそ，なぜ死にたいのか，という点については，丁寧に聞く必要があると思います。その結果として，少し生の時間が伸びることに，まったく意味がないとも思えないのです。

　とはいえ，こうした疑問がナンセンスだとも私には思えません。確かに，既存の自殺対策は，その人が死ななかった「その後」の長い人生にきちんと関わってきているわけではないからです。

　そして，第8章でも述べたように，自殺率だけが下がればいいというのも，

おかしな話なのです。死なないことではなく，満足に生きて死ぬことを目指すべきです。だからこそ，自殺対策をして，死ななければそれでいいはずはありません。「満足するまで生きて，そして（生きるのに飽きたら）死ぬ」という人生の達成をサポートできなければ，自殺対策基本法の精神が成就したとは言い難いはずです。本来の自殺対策は，そうあるべきだと私は考えています。それでは，どうすれば人生に対する満足度を高めることができるのでしょうか。

▌主観的人生満足度＝幸福度

　自分の人生に対する満足度は，我々が一般に幸福感と考えているものとして研究されてきました。というよりも，幸福とは何か，という哲学的に非常に大きな問題を突き詰めていった結果，幸福とは人生満足度であるという立場が作られていったといった方が正確です。とはいえ，人生満足度と言われてもピンとこないと思いますので，以下では幸福感という言葉を使って話をすすめます。

　自殺に関する研究と同様，というよりもそれ以上に，幸福に関する研究の歴史は長いものです。人類は古くから，「幸せとはなんだろうか？」という疑問について考え続けてきました。幸福とは何かという問いに対する哲学的な立場は，大きく「快楽説」「欲求実現説」「客観リスト説」の三つに整理され，これが一般的なものとされています。もちろん，こうした立場の名称についての細かい違いはありますが，おおむね，以下のような意味合いでこれらの用語／立場は用いられています。[121]

　快楽説とは，快が多く，不快（苦痛や苦悩）が少ない生活を送ることが幸せであるとする立場です。古くからある立場であり，分かりやすいものでもあるので，こうした考えには根強い支持者がいます。ただし，幸福の快楽説には，「経験機械」の思考実験による批判が突き付けられました。経験機械とは，脳に電極が取り付けられたままタンクに浮いていると，自分自身が望むような経験を脳を刺激することによって（実際にはそんなことが起こっていないにもかかわ

▼121──幸福に関する哲学的な立場の相違については，以下の文献が参考になります：森村進（2018）幸福とは何か─思考実験で学ぶ倫理学入門．ちくまプリマー新書．

らず）経験できる機械のことです。つまり，何もせずともただ単に常に快感を
得られるような機械のことです。仮に快感＝幸福であれば，我々は常にこのよ
うな機械につながれていることを望むと予想されますが，多くの人は，こうし
た機械につながれたまま一生を終えることを望まないだろう，というのが，経
験機械の思考実験による批判です。

　こうした批判から，幸福とは，ただ単に快感を得ることではなく，自分の望
むことが実現することであるという欲求実現説が生まれました。これが第二の
立場です。欲求実現説は経験機械の批判を避けることができるのですが，この
考え方にはこの考え方の問題もあります。それは，どのような欲求でも実現を
すれば幸福と言えるのかという批判です。有名な例では，「公園に生えている
草の数を数えたい欲求を持つ人がいたとして，その欲求が実現することは幸福
なのか？」という例があります。こうした様々なおかしな欲求の実現を幸福と
考えることは一般的に難しいため，実現するに値する欲求とそうではない欲求
があると考えることは自然なことです。しかしながら，なにが幸福をもたらす
価値ある欲求で，何に価値がないのかということについては様々な立場があり
うることになってしまいます。

　このような批判から生まれたのが客観リスト説であり，この説では，実現す
る価値のある事態を客観的にリストにした様々なバージョンが考案されていま
す。例えば，道徳的であること，理性的であること，自分の能力を伸長するこ
と，子どもを持つこと，云々。リストの中身には当然，快感を得ることや不快
を避けること（快楽説），欲求を実現すること（欲求実現説）なども入るかも
しれません。しかし，この説は，やはり，何がリストに含まれるのが正しいの
か，という点について一致をみることが非常に難しいという問題があります。

　快楽説や欲求実現説が人間の主観に重きをおき，客観リスト説が客観的な状
態に重きをおいていることから，現在では，幸福は人間の主観的な（心理的）
状態と客観的な環境とを考慮して判断するものと考えられるようになってきて
いるように思います。

　そして，快楽説や欲求実現説を発展させた幸福に関する人間の心理的状態を
説明するものとして人生満足説という立場があります。これは，幸福が快感の
経験であるにせよ，欲求の実現であるにせよ，このような状態にある人は概ね
その人の人生に満足をしているだろうと考える立場のことです。[122]そして，この

表11　人生満足度尺度の内容[123]

1	ほとんどの面で，私の人生は私の理想に近い。
2	私の人生は，とてもすばらしい状態だ。
3	私は自分の人生に満足している。
4	私はこれまで，自分の人生に求める大切なものを得てきた。
5	もう一度人生をやり直せるとしても，ほとんど何も変えないだろう。

　人生満足説の立場に影響を受けて人間の幸福感を測定する心理尺度が開発されることにより，我々の幸福感が何に影響を受けているのかということが実証的に／数量的に検証可能になりました。

　表11は世界で最も使用されている幸福感を測定する心理尺度である，ディーナーの人生満足度尺度です。「まったく当てはまらない（1点）」，「ほとんどあてはまらない（2点）」，「あまり当てはまらない（3点）」，「どちらとも言えない（4点）」，「少し当てはまる（5点）」，「だいたい当てはまる（6点）」，「非常によく当てはまる（7点）」の7段階で回答します。皆さんも是非やってみて下さい。もちろん，点数が高い方がより幸福だと言うことになります。だいたいの目安ですが，合計点が30点以上の人は非常に人生に満足しており，20〜24点は平均的，14点以下であれば，様々な不満がある状態と言えます。

何が幸福を作るのか？

　それでは，どのような状態にあれば，我々は自分自身の人生に満足し，幸福だと感じることができるのでしょうか。この心理尺度の得点と関連する要因には実に様々なものがあることが分かっています（表12）。こうした要因を見て

▼122———このような立場からの幸福は，日本語の語感とは少し違いますが，英語圏では主観的ウェルビーイング（subjective well-being）と表現されます。

▼123———Diener, E. D., Emmons, R. A., Larsen, R. J., & Griffin, S. (1985) The satisfaction with life scale. *Journal of personality assessment*, 49 (1)，71-75. 日本語訳は以下の文献から引用しました：大石繁宏（2009）幸せを科学する―心理学からわかったこと．新曜社．

いくと，多くの要素が自殺の危険因子の裏返しであることも理解できます。女性であり，婚姻をしており，外交的で，神経症傾向が低く，楽観的で，雇用やある程度の年収を得ていて，身体的に健康であることは，自殺のリスクを下げるだけではなく，我々を幸福にしてくれます。[125]

　もちろん，性別や年齢に影響があるからといって，こうした要素は変えられません。我々の性格やものの考え方の傾向・クセを変えるのもなかなか難しいものです。経済状況や政治状況も個人の力で変えるようなことができるものではありません。そうなると，我々が幸せに死んでいくためにできることは自分自身の行動習慣を見直すというのが現実的なラインになります。具体的には，他者への感謝の回数を増やし，楽観性を高め，親切な行動を増やしていくということになります。[126]

▌幸福感を高める習慣

　幸福感を高める第一の習慣は，感謝をすることです。一週間を振り返り，感謝をしていることを五つ書き出すという課題は非常に有名な課題ですが，こうした課題を行うと，人生に対する満足度が高まるとともに，風邪などに関する身体症状が減少します。[128]ただ単に感謝をするというだけではなく，感謝をしていることを相手に直接伝えることも，もちろん有効なようです。ポジティブ心

▼124——幸福感と関連する要因については，地位財と非地位財を分けて考えるという整理の仕方があります。地位財とは，他者との比較から価値が生まれるものであり（例：高級車），非地位財とは，他者との比較から価値が生まれるわけではないものを指しています。他者との比較から価値が生まれるものは，それを手に入れても幸福にはなりづらいようです。なぜならば，一見いいものを手に入れたように思ったとしても，上には上があり，キリがなく，どこまでいっても満足感が得られないからです。1,000万円の車は高価で価値がありそうですが，もちろん世の中には2,000万円の車に乗っている人もおり，上を見れば結局みじめな思いをします。一方で，そもそも比較のしようのないもの（例：友情）では，そうしたことが起こらず，そこから満足感を得やすいようです。

▼125——人より収入があり，結婚できていて，健康だから幸せだという側面も確かにありますが，幸せだからこそ，稼ぐようになり，結婚し，健康で長生きする（原因と結果が逆）という可能性があることも同時に示されています。つまり，幸福感を高めることは，人生の目的であり，その目的を達成するための手段でもあるということです。

▼126——信仰を持つというのも一つの手ですが，日本人にとってはあまり馴染みがないかもしれません。

表12　幸福と関連する要因[127]

項目	内容
■デモグラフィック	
年齢	U字カーブを描く（中年期は低い）
性別	女＞男
■対人関係	
婚姻状況	既婚＞未婚
友人関係の充実	有＞無
■性格	
外向性	幸福感の高さと関連
神経症傾向	幸福感の低さと関連
抽象的視点	幸福感の高さと関連
目標追及型	幸福感の低さと関連
■行動	
感謝	有＞無
楽観	有＞無
親切	有＞無
信仰・スピリチュアリティ	有＞無
■お金・経済状況	
雇用状況	有＞無
年収	一定の年収までは正の相関
消費傾向	経験＞もの
■身体	
身体的健康	有＞無
スポーツ・運動　有＞無	
■政治状況	
民主主義	有＞無
戦争・政情不安	幸福感の低さと関連

▼127──以下の文献を参考にして作成：前野隆司（2013）幸せのメカニズム．講談社現代新書．

▼128──感謝をすると書いていますが，原題は，Counting blessings ですから「神の恵みを数える」という意味になります．詳細は以下の論文を参照してください：Emmons, R. A., & McCullough, M. E. (2003) Counting blessings versus burdens: an experimental investigation of gratitude and subjective well-being in daily life. *Journal of Personality & Social Psychology*, 84, 377-389.

理学の創始者マーティン・セリグマンの授業では，[129] お世話になったにもかかわらず，これまで十分に感謝を伝えていなかった人を訪問して感謝を伝えるという課題を実施するそうです。この際，感謝を明確に伝えるために，手紙を書いて相手の目の前で読み上げます。英語で300語程度ですから，日本語だと700〜800字，つまり原稿用紙2枚ほどになります。手紙の内容は，①その人が何をしてくれたか，②自分にどう影響があったのか，③自分が今何をしているのか，ということだそうです。

　こうした知見の効果を実感してみるために，私自身も周囲の人に感謝を伝達し，自身の幸福感がどう変化するのかをモニタリングしたことがあります。結果としては，感謝をし，それを伝達すると私の幸福感／人生満足度は明らかに上昇しました。私の場合は，まず，妻に感謝をしていることを伝えるため，毎週1回感謝のメールを送ることにしました。すると，第一に，自分自身がいかに妻から様々なものを与えられ，多くのことをしてもらっているのかに気づくようになりました。それまでは，たいして家事もやってくれない，などと文句ばかり言っていましたが，思ったよりも妻が多くのことをやっていることに気づくようになりました。また，私が感謝を伝えるようになると，妻も私に対して様々なことで感謝を伝えてくるようになり，夫婦関係が良くなりました。人間は，与えられるとお返しをしたくなる性質がありますが（返報性の原理），感謝をされると，感謝をしたくなり，結果として双方が感謝をし合うようになるため，人間関係が改善するのだと思います。

　一方で，失敗した事例もあります。実は，私はこの本とは別に，過去に単著の本を出版した際に，これまでにお世話になった方にお礼状をしたためて，本と一緒に送り，感謝を伝えようと思って実践をしたことがあります。最初に，高校の時の部活の監督だった先生に当時のことを振り返ったお礼状を書き，大学・大学院の時にお世話になった指導教員やその他の先生方に手紙を書き，といったことをやっていたのですが，3，4人書いた時点で挫折をしました。というのは，一人に書く手紙の分量が平均して3,000字程度と非常に長大になっ

▼129——マーティン・セリグマン（著），宇野カオリ（訳）（2014）ポジティブ心理学の挑戦："幸福"から"持続的幸福"へ．ディスカヴァー・トゥエンティワン．

ていたからです。最初に，大きな恩のある部活の先生に手紙を書いたのがいけなかったのかもしれません。妻へのメールは毎週細かく送っていたので，長いものでも400字程度でした。あまりに感謝を伝えることのコストが大きくなりすぎると，効果が出るまで継続して実施できなくなってしまうのかもしれません。

　幸福感を高める第二の習慣は，楽観性を高めることです。代表的な課題に，三つの良いことというワークがあります。これは，毎晩，その日一日でうまくいったことを三つ書き出してみるというものです。さらに，うまくいったことが見つかったら，それぞれ，どうしてうまくいったのかを書き留めていきます。内容は些細なことで良く（例：夫が帰りにアイスを買ってきてくれた），それよりも物理的な記録を残しておくことが大事だということです。こうした行動を繰り返すと，幸福感が高まり，抑うつ感が低くなります。[130][131]こうした変化がなぜ起こるのかというメカニズムについては，必ずしも明らかになってはいませんが，良いことを書くと幸せになれるのは，ものごとを整理してとらえることができるようになるからと言われています。書くことによってものごとを論理だって考えられるようになり，良いことが起こる道筋を理解してそのような環境を構築できるようになるそうです。

　もう一つ，楽観性を高めるための有名な課題に，最高の自分を想像するというものがあります。自分の未来について思いをはせ，何もかもがうまくいき，自分の夢がすべて実現した状況を想像して書き記すという課題です。こうした習慣を作ると，ポジティブな感情が高まり，健康状態も良くなるようです。[132][133]私自身もしばらくこうした課題をやってみようとしたことがありますが，これについては（も？）すぐに挫折し，やらなくなってしまいました。というのは，

▼130——Gander, F., Proyer, R. T., Ruch, W., & Wyss, T.（2013）Strength-based positive interventions: Further evidence for their potential in enhancing well-being and alleviating depression. *Journal of Happiness Studies*, 14, 1241-1259.

▼131——Schueller, S. M., & Parks, A. C.（2012）Disseminating self-help: positive psychology exercises in an online trial. *Journal of Medical Internet Research*, 14, e63.

▼132——King, L. A.（2001）The health benefits of writing about life goals. *Personality and Social Psychology Bulletin*, 27, 798-807.

▼133——Sheldon, K. M., & Lyubomirsky, S.（2006）How to increase and sustain positive emotion: The effects of expressing gratitude and visualizing best possible selves. *Journal of Positive Psychology*, 1, 73-82.

最高の自分を想像していると，それとはまったく異なる現状にある自分に気づかされ，惨めに思えてきてしまったからです。何かやり方が違うのか，文化が違うのか分からないのですが。

　幸福感を高める第三の習慣は，親切な行動をすることです。自らのためではなく，他者のためにお金を使ったり，寄付をしたりといったことでもかまいません[134]。また，親切にすることだけではなく，自分の行動を振り返って，自分がどのような親切なことをしたかを思い出してみるという形でも良いようです[135]。他者に親切にし，役に立つことで，自分自身の幸福感は高まります。また，身近な人に親切にすれば，お返しに親切にしてもらうことも増えるはずですし，それによってポジティブな気分になるということもあると思われます。

　親切にすることの欠点は，親切を意図的に行うのはやや難しいということです。親切にするためには目の前に困った人がいなければなりませんし，その人が実際に親切な行動を受け入れてくれる必要もあります。電車の席を譲るという親切行動をするためには，譲られるのに相応しい人が近くにいなければいけませんが，必ずしもいつもそういう人が自分が座った場所の近くにいるとは限りません。さらに，仮にそのような人が近くにおり，勇気を出して声をかけたとしても，その人が譲られた席に座ってくれなければなりません。「次降りますので大丈夫です」と言われてしまえば，拍子抜けしてしまうかもしれません。そうなれば，親切行動は成立しません。親切にすることは幸せになるために大事なことではあるのですが，意図的に実施するのが難しいというのは，やや難しい点です。

　このように考えると，寝る前にその日あった良いことを思い出し，なぜそれが起きたのかを書き出して，良いことが起ったことに感謝をし，可能であれば近いうちのお返しをしようと考え，実行にうつすことが幸せへの道かもしれま

---

[134]——Aknin, L. B., Barrington-Leigh, C. P., Dunn, E. W., Helliwell, J. F., Burns, J., Biswas-Diener, R., ... & Norton, M. I. (2013) Prosocial spending and well-being: Cross-cultural evidence for a psychological universal. *Journal of Personality & Social Psychology*, 104, 635-652.

[135]——Otake, K., Shimai, S., Tanaka-Matsumi, J., Otsui, K., & Fredrickson, B. L. (2006) Happy people become happier through kindness: A counting kindnesses intervention. *Journal of Happiness Studies*, 7, 361-375.

せん。ややありきたりで保守的な気もしますが，それこそが人間の心理・行動に関する科学的な実験が示す，幸福／人生に対する満足への近道なのです。ただ単に自殺を止めるのではなく，止めた先にあるより良い人生を作ることができるような仕組みを合わせて作っていくことは今後の自殺対策における重要な課題です。

▌幸福な時間を増やし，不幸な時間を減らす

　上記のような習慣的行動を新たに作っていくことに加えて，これまでに我々が必然的に行ってきた行動に変化を加えることも重要だと思われます。表13は，我々が日常的に行う活動と各活動中の幸福感を示したものです。ごく常識的な考えですが，幸福な時間をもたらす活動の量を増やし，そうではない時間を減らすことができれば，人生そのものへの満足感は高まるはずです。

　例えば，家事の時間は一般に幸福度の高い時間ではありません。ですから，家事をする時間を減らすような工夫を人生に加えることは，幸福感を高めることにつながります。具体的には，食洗器やロボット掃除機を購入することは，家事の時間を減らすことにつながります。仕事の時間をセーブすることも大事です。もちろん，収入はある程度のレベルまでは幸福感の向上につながりますが，仮にその水準を越える収入があるのであれば，[136]仕事の時間はセーブした方が良いでしょう。通勤時間も同様です。通勤時間は幸福な時間ではありませんから，なるべく短くなるようにすべきです。家の広さが幸福感の向上にそれほど寄与しないことを考慮すれば，もし同じ値段であれば，広さよりも職場への近さを優先して，自宅の場所を選定すべきということになります。そして，そ

▼136――その基準については一般に世帯年収700〜800万円などと言われますが，その時に根拠とされるのは以下の論文です：Kahneman, D., & Deaton, A.（2010）High income improves evaluation of life but not emotional well-being. Proceedings of the National Academy of Sciences, 107, 16489-16493. ちなみに，私の自殺念慮に関する研究でもほぼ同じような結果が出ています。つまり，世帯年収が800万円程度になると，それ以上の水準の人と比べても，死にたい気持ちを持つ可能性の低さは変わらないということです。詳細は以下の文献を参照ください：Sueki, H.（2019）Relationship between annual household income and suicidal ideation: A cross-sectional study. *Psychology, Health & Medicine*, 24, 76-82.

表 13　一日の活動と各活動の幸福度および平均活動時間[137]

活動（幸福度順）	幸福度	平均活動時間（時間／日）
セックス	4.7	0.2
社会的交流	4	2.3
休息	3.9	2.2
宗教活動	3.8	0.4
食事	3.8	2.2
運動	3.8	0.2
テレビ	3.6	2.2
買い物	3.2	0.4
料理	3.2	1.1
電話	3.1	2.5
育児	3	1.1
PC・メール・ネット	3	1.9
家事	3	1.1
仕事	2.7	6.9
通勤	2.6	1.6

こで減らした分の時間を幸福度の高い活動へと振り向けることができれば，なお良いということになります。具体的にはセックス，社会的交流，休息などといった活動の時間を増やすということになります。

　自殺との関係で言えば，やはり，社会的交流，つまり他者との会話を増やしていくことはより重要と言えるかもしれません。社会的交流の時間をいかに増やすことができるかは，満足した人生を送る（そして死ぬ）ための鍵になります。こうした基準を知っていると，我々が幸せになるために何にお金を使うべきかという点についても変化が生まれるかもしれません。例えば，我々はいわゆるブランド品を購入することに惹かれがちですが，同じだけの金額を使うのであれば，ブランド品を買うよりは旅行に行く方がいいかもしれません。ブランド品を買えば一時的に自尊心が高まるかもしれませんが，ブランド品を買っ

▼137——Layard, R.（2011）*Happiness: Lessons from a new science*. Penguin, London, UK.

たという自慢を聞いてくれる友達はそれほど多くはないのではないでしょうか。一方で，旅行に行けば，旅先で見慣れぬ経験をし，その経験は他者と語らうことができるものとなります。大学生の時に奮発して買ったブランド品の時計は壊れてどこかにいってしまいましたが，友人と行った卒業旅行の話（その旅先でのトラブルも含めて）は今でも繰り返し語り合うことができています。一見，ものの方が形が残り有意義なようにも思いますが，形には残らない経験にお金を使うことの方が大事だと言われるのは，こうした理由だと考えられます。[138]

▌未来予測
遠い将来に向けて

　以上，ここまで論じたように，今後は，単に自殺を防ぐというだけではなく，生きがいや幸福感をもって人々が暮らすことができる社会をいかにすれば実現できるのか，という視座が自殺に関する研究や自殺予防の実践に関わる者には必要になってくると思われます。この時に，ポジティブ心理学において積み重ねられてきた研究知見は非常に有用だと思われます。これはある意味でいえば，今すぐにでも自殺対策に必要な視点であり，現在の課題，あるいは少なくとも近い将来の課題といえるものだと思います。

　本書を締めくくるにあたって，もう少し遠い将来の未来予測をしておきたいと思います。遠い将来とは（もしかすると，実はそれほど遠くないのかもしれませんが），不老不死が実現したような社会のことです。そのような社会はいずれ人類が実現するでしょうし（我々が生きているうちはまだ無理かもしれませんが），その時には，衝動的な自殺をいかに防ぐかではなく，熟慮の末の自

▼138──主観的人生満足度は上記のようにすれば高めることができるはずですが，主観的人生満足度を高めることそのものを政策の目的とすることには様々な批判があります。その代表例は，人間はどのようなことにも慣れてしまうので，客観的に見れば劣悪な環境で暮らしていたり，障害や病に見舞われたとしても，ある程度の満足を感じることはできてしまう，というものです。実際，事故等の理由で四肢麻痺の状態になったとしても，主観的人生満足度は一年ほどすれば元の水準に戻るという研究がありますが，だからといってあえてそのような状態になることを望む人はいないでしょう。また，主観的人生満足度がたいして低くならないからといって，そうした障害の影響を軽く見ることが適切とは思えません。

殺がいかにして可能になるのか，という問題がよりクリティカルな意味を持つと思われます。様々な死の予防は現代の社会では（特に医学界では）自明で疑問の予知のない価値を有していますが，こうした価値の自明性は，不老不死が近づくにつれて明確ではなくなり（なぜならば，価値は稀少なものに宿るため），良き死の実現にこそ価値が宿るはず，と言えるかもしれません。

　改めて整理しておきます。第Ⅱ部で見たように，死は必ずしも悪いものではなく，ある意味で良い面も持つ存在でした。死が悪いのは，死によって本来実現されたはずの良きものが消失するからであり，そうでなければ，死は我々を永遠の退屈から解放してくれる良いものという面も持っています。だからこそ，自殺対策は，満足するまで生き，そして死んでいくことをサポートするものだという結論に至ったのでした。

　不老不死が実現した社会では，我々の肉体は可能な限り若く健康的に保たれ，病気や事故や殺人によって死ぬ可能性が今よりも各段に低くなります。そうして，人類の寿命が各段に伸びた時に，我々が死ぬことができるチャンスは自殺において最も高まるはずです（それ以外の形で死ぬことができない社会が，不老不死の社会だからです）。どんな社会を人類が営もうとも，何百年も，何千年も，何万年も生きれば，いずれは生きることに飽きると思われます。そうした時には，きちんと熟慮の末に自ら死を選ぶことが，人類が死を迎える最もポピュラーな方法ということになります。[139]しかし，これもすでに見たことですが，自殺企図には強烈な恐怖がともないます。これが，熟慮の末にいかに克服されるのか，という点については，現在のところよく分かっていません。

　そのため，将来の人類の良き人生のために，我々の意識が死に向かうプロセス，熟慮の末に死を自己決定し，恐怖を克服するプロセスを研究することは，有意義なことだと思われます。「死ななければそれでいいのか？」に対しては，一貫して，「どう死ぬのか（すなわち，どう生きるのか）が大事だ」と答えたいと思います。

▼139——それは，もちろん，現在用いられている自殺企図（例：縊首）のような方法ではなく，自身の肉体を若く保つために日常的に服用している薬の服用を中断することだったりするかもしれません。

あとがき

··

　すでに書いたことではありますが，私は所属している大学で「自殺学」という半期の講義を担当しています。担当していると書くと，大学から頼まれてやっているかのようですが，この授業は大学から課された私の義務ではなく（本務は，臨床心理学関連の授業を担当することなので），趣味のような側面があります。このような趣味を許してくれている和光大学というところは，なかなかに良いところです。普通は，自殺に関する講義やら研究やらをしようとすると，「寝た子を起こすな」とか「何かあったらどうするんだ」ということを方々から言われますので。このような授業を許していただいている大学に感謝します。

　毎年開講している「自殺学」の授業の中では，毎回学生に授業アンケートをやってもらい，問題に答えてもらったり質問や感想を書いてもらっています。そうした疑問の中から改めて調べたことは沢山あります。これまでの受講生の皆さんから受けた影響は本書の中に溢れているはずです。皆さん，ありがとう。

　そして，よくあることなので慣れましたが，自殺学を受講した学生から，「自殺について楽しそうに喋るのはやめて下さい」と言われることがあります。自分では楽しそうに喋っているつもりはないのですが，本書に書かれているようなことを熱く語っているのが，学生からは楽しそうに見えることがあるようです。研究者が自分の研究テーマについて熱く語って，それが楽しそうに見えるのであれば本望なのですが，自殺という現象に興味を持った学生の中には，親族や友人が自殺で亡くなったという場合もあるので，その点は申し訳なく思います。

　こんな風に，授業では楽しそうに（？）自殺について話をしている私ですが，祖父が自殺をしてからすぐにこうなったわけではありません。先日，本書を出すという報告をするために，久々に祖父の墓参りに行ってきたのですが，その際，我が家の墓石に刻まれた祖父の享年を見て，自分が大きな勘違いをしていることにはたと気が付きました。自分が思っていた祖父の死亡年齢と，墓石に刻まれた享年がずいぶんとずれていたのです。それくらい強烈な体験に，記憶が歪んでいたのかもしれません（一方で，老衰で亡くなった曾祖母の享年は正

しく記憶していました）。実際，家族の中で祖父の死について，「自殺」という言葉を堂々と口に出して会話ができるようになったのは，おそらく祖父の死から十年ほどがたってからのことです。自分にとっても，家族にとってもそれほど衝撃的な出来事だったということだと思います。

　このように家族の中で自殺の話をすることができないという現象は，別に珍しいことではありません。生じてしまった自殺について語り合うことができないからこそ，私は死者の年齢すら正確に知らずにいたわけです。身近な人の自殺を経験した多くの人は，そのような孤独な状況の中で，生じてしまった自殺の問題をどう消化すべきか悩んでいるはずです。

　本書がそのような人の役に立つかどうかは分かりませんが，物事を客観的に眺める助けになればうれしく思います。また，今後，そうした悲しみがいくらかでも少なくなるように本書が活用されていくことがあれば，これもまたうれしいことです。

　少し話を戻します。誤解を招く可能性があるので普段は言いづらいことではあるのですが（そんな話を誰かとする機会もありませんが），実は，自殺の研究は楽しいものです。研究者が研究を楽しいと感じるのは普通のことですが，テーマが自殺であっても楽しい点は変わりません。なぜ楽しいのかというと，結局のところ，自殺というものがよく分からないからで，分からないことを明らかにしていく過程がたまらなく楽しいのです。この点は推理小説を読むのが楽しいのと，まったく変わりません。こうした思いを共有できる，自殺研究に興味のある方は，是非連絡を下さい。連絡先は，名前をググって下さい。

　自殺には，まだ分からないことが山のように残されています。この点については本書内でもずいぶん気を使って書いたつもりです。ある人に自殺が起こるかどうかを正確に予測することは現時点ではできません。自殺予防効果があると言われている対策であっても，その効果については判然としない部分があります。そもそも，自殺の定義を作ることですら随分と苦労していますし，用語は現実を適切に反映していないようにも思います。これが現状であり，分からないことは多いです。

　本書を通じて自殺について分かっていること，分かっていないこと，分かっていることの限界がどこにあるのか，こうした点が伝わっていれば，執筆は大

成功です。そして，今後も個人としては，自殺について自信を持って分かっていると言える領域が少しずつ増えるよう精進していこうと思っています。30年後，私が定年をする前には，もう一度本書をアップデートしたいと思います。

索引

[著者略歴]

末木 新 ｜ すえき はじめ

博士（教育学），公認心理師，臨床心理士。1983 年生まれ。
2012 年 東京大学大学院教育学研究科臨床心理学コース博士課程修了。
現職，和光大学現代人間学部准教授。
『インターネットは自殺を防げるか——ウェブコミュニティの臨床心理学とその実践』で第 31
回電気通信普及財団賞（テレコム社会科学賞）受賞。

主要著書
『自殺対策の新しい形——インターネット，ゲートキーパー，自殺予防への態度』
（ナカニシヤ出版［2019 年］）
『自殺予防の基礎知識——多角的な視点から自殺を理解する』
（デザインエッグ社［2013 年］）
『インターネットは自殺を防げるか——ウェブコミュニティの臨床心理学とその実践』
（東京大学出版会［2013 年］）

自殺学入門

幸せな生と死とは何か

2020年5月30日　発行
2024年2月10日　4刷

著　者―――末木 新

発行者―――立石正信

発行所―――株式会社 金剛出版
　　　　　　〒112-0005 東京都文京区水道1-5-16　電話03-3815-6661　振替00120-6-34848

装幀｜原田光丞　　印刷・製本｜モリモト印刷

ISBN 978-4-7724-1762-4 C3011　©2020 Printed in Japan

自殺の危険［第4版］
臨床的評価と危機介入

［著］＝高橋祥友

A5判　上製　504頁　定価6,380円

自殺の危険を評価するための正確な知識と
自殺企図患者への面接技術の要諦を
多くの最新事例を交えて解説した画期的な大著。
改訂第4版。

自殺防止の手引き
誰もが自殺防止の強力な命の門番になるために

［著］＝羽藤邦利

B6判　並製　262頁　定価3,080円

精神科医歴50余年。
長年自殺防止活動に携わり，
1万人を超える診療経験に裏打ちされた
「自殺防止活動のための手引き書」！

「死にたい」気持ちに寄り添う
まずやるべきことしてはいけないこと

［著］＝下園壮太　高楊美裕樹

四六判　並製　184頁　定価2,860円

身近な人に「死にたい」と言われたら，
どうしたらいいかわからなくなってしまうのではないだろうか。
本書ではそんな時の対処法を丁寧に解説していく。

価格は10％税込です。

セラピストのための自殺予防ガイド

[編著]＝高橋祥友

A5判　並製　240頁　定価3,080円

1998年以降，年間自殺者3万人台という事態が続いている。
学校で，会社で，地域で，
自殺予防に取り組む際の基本を
分かりやすく解説した援助職に必読の書。

学校現場から発信する
子どもの自殺予防ガイドブック
いのちの危機と向き合って

[著]＝阪中順子

A5判　並製　272頁　定価3,520円

学校教育の現場で
教師・スクールカウンセラーとして
自殺予防教育に関わってきた著者による
子どもの自殺への緊急提言。

十代の自殺の危険
臨床家のためのスクリーニング，評価，予防のガイド

[著]＝シェリル・A・キング　シンシア・E・フォスター
ケリー・M・ロガルスキー
[監訳]＝高橋祥友　[訳]＝高橋晶　今村芳博　鈴木吏良

四六判　並製　250頁　定価3,080円

自殺リスクの高いティーン（若者）への
スクリーニング，評価，治療面接を集大成した
臨床家のためのガイドブック。

価格は10％税込です。

自傷行為治療ガイド［第2版］

［著］＝バレント・W・ウォルシュ
［監訳・訳］＝松本俊彦
［訳］＝渋谷繭子

B5判　並製　376頁　定価4,620円

自傷治療の臨床に携わるすべての人々にとって必読の包括的治療ガイド。
第2版では新たに八つの章が追加され大幅に改訂された。
自傷治療の臨床に携わるすべての人々にとって必読の書！

CAMS 自殺の危険のマネジメント
治療者と患者の協働

［著］＝デイヴィッド・A・ジョブズ
［訳］＝高橋祥友

B5判　並製　256頁　定価4,620円

治療者と患者が「協働」して自殺の危険と向き合う，
自殺予防に携わる臨床家にとって新たな道標となる
治療の哲学と実践的アプローチ。

ICD-11・DSM-5準拠
新・臨床家のための
精神医学ガイドブック

［著］＝池田 健

A5判　並製　368頁　定価3,960円

ICD-11・DSM-5に準拠した
症状の診かた・診断の考えかたを豊富な事例で解説。
好評既刊を大幅改訂した精神医学ガイドの決定版。

価格は10％税込です。

自尊心の育て方
あなたの生き方を変えるための，認知療法的戦略

［著］＝マシュー・マッケイ　パトリック・ファニング
［訳］＝高橋祥友

A5判　並製　380頁　定価4,180円

健康なパーソナリティの核となる
「自尊心」を高めて育むための臨床知見とセルフケアの方法を伝える，
全米80万部売り上げのベストセラー！

青少年のための自尊心ワークブック
自信を高めて自分の目標を達成する

［著］＝リサ・M・シャープ
［訳］＝高橋祥友

B5判　並製　240頁　定価3,080円

本書には，心の危機にある青少年が自尊心を育み，
自己洞察を深めるための明解な
40の対処法（スキル）を示してある。

自尊心を育てるワークブック
［第二版］
あなたを助けるための簡潔で効果的なプログラム

［著］＝グレン・R・シラルディ
［監訳］＝高山巖　［訳］＝柳沢圭子

B5判　並製　240頁　定価3,520円

大幅改訂による［第二版］全米で80万部を超えるベストセラー！
健全な「自尊心」を確立するための
段階的手順を紹介した最良の自習書。

価格は10％税込です。